KUNST UND KÖSTLICH

Das Künstlerkochbuch
von Detlef Kellermann

GENEIGT, SICH SELBST ZU SCHMEICHELN.

LIEBESDIENST UND FREUNDSCHAFTSKÜCHE

Der gedeckte Tisch ist das beste Diskussionsforum der Welt.

Hier tauscht man sich aus. Hier werden Geschäfte gemacht, werden Entscheidungen getroffen.
Auch Unsinn geredet, Frauen verführt, das Leben geplant.
Gemeinsames Essen pflegt Freundschaften und trägt zum Erhalt der Familie bei.

Die Voraussetzungen für ein gutes Essen sind zuallererst beste Zutaten, gefolgt vom Spaß bei der
Zubereitung und der Freude am Experiment.
Der Lohn für die Stunden in der Küche sind zufriedene Gesichter und glückliche Esser.

Hilfe und Anregungen habe ich in vielen Kochbüchern und Kochsendungen gefunden und
einigen Köchen und Freunden beim Brutzeln über die Schulter geschaut.
Denn genauso versteht sich die Tradition des Kochens: Gutes weitergeben.

Verstehen Sie die Rezepte als Anregungen und variieren Sie nach Herzenslust.
Nichts ist in Stein gemeißelt.

Ich hoffe, die Bilder tragen dazu bei, Sie bei der Arbeit am Herd zu beflügeln, oder dass Sie das
Kochbuch auch einfach zum Blättern in die Hand nehmen – vielleicht bei einem guten Glas Wein.

Detlef Kellermann

„Trautes Heim"
Mischtechnik, 50 x 50 cm

ACH JA ...

...ein paar grundsätzliche Bemerkungen

Wenn nicht anders beschrieben, meine ich mit „Salz + Pfeffer" immer Meersalz und schwarzen Pfeffer aus der Mühle.

Ich liebe Salz! Glücklicherweise bietet der Markt heute viele verschiedene und aromatisierte Salze an. Aber selbst das einfache, grobkörnige Meersalz lohnt sich schon für die Küche.

Eine kleine Auswahl an Käse, etwas frisches Obst oder einfach nur ein guter Espresso reichen mir völlig als Abschluss eines Menüs.
Darum habe ich das Kapitel Nachspeisen einfach übersprungen. Verzeiht mir, liebe Nascher.

Fleisch und Fisch nehme ich nach dem Einkauf immer aus der Verpackung und lagere die Ware bis zur Verarbeitung abgedeckt und gekühlt in Porzellangefäßen.

Billiges Fleisch kann nicht von Qualität sein!
Zur Selbsterziehung schauen Sie sich Dokumentationen zur modernen Fleischproduktion an;
mit dem Risiko, Vegetarier zu werden oder besser dem Vorsatz, von nun an disziplinierter auf Qualität und tierwürdige Haltung zu achten.

Fleisch immer beim Metzger kaufen. Dort bekommen Sie gut abgehangene Qualität und alle Erzeugerinformationen.
Die abgepackte Supermarktware liegt doch zumeist sehr unappetitlich in ihrem eigenen Sud.

Fisch, Garnelen, Muscheln und Tintenfische werden selbstverständlich unter fließend kaltem Wasser abgespült und trockengetupft.

Kräuter schleudere ich in einem Küchentuch trocken.
Und, auch der Salat vom Biobauern wird einer gründlichen Waschung unterzogen.
(Oder, möchten Sie linksgedrehten Schneckensud auf Ihrem Teller haben?)

Olivenöl – so viel ich dazu auch lese und lerne – eine Restverwirrung bleibt.
Also nehme ich einfach das beste, das kaltgepresste „native Olivenöl extra", mit einem sehr geringen Säuregehalt unter 0,8 %. Der Rest ist zum Frittieren und für die Fahrradkette.
Letztendlich aber entscheidet immer der Geschmack des Produktes.
Besuchen Sie doch mal eine Ölverkostung!

Ich gestehe, ich mag aromatisierte Senfsorten und Öle. Letztere stelle ich auch selbst her.
Besonders schätze ich sie zum Marinieren von Fleisch und Fisch und zur Herstellung schmackhafter Salatsoßen.

Kochen ist Entspannung und Genuss.

Vergessen Sie den Anspruch ein „perfektes Dinner" bieten zu müssen.
Weniger ist oft mehr, und ab und an kann man seine Gäste mit einbeziehen.
Okay, dann müssen Sie allerdings den Kochwein teilen. Ja, diese Welt ist nicht perfekt …

Kräuter sollten immer frisch sein.
Jeder gute Gemüsehandel verfügt ständig über eine Grundauswahl der wichtigsten Kräuter.
Zur Not gehen auch mal die Supermarkttöpfchen.

Um die Terrasse herum habe ich meinen Garten in einen Kräutergarten verwandelt.
Frisch ernten vor der Küchentür.
Das macht Spaß und wenig Arbeit.

Mit einer Einschränkung:
Mein Basilikum wird immer von den Schnecken gefressen. Egal, wie hoch ich es platziere ...
Womit ich, ganz nebenbei, den Beweis für die Existenz einer neuen Spezies liefere:
die Flugschnecke.

Ein heimtückischer und gefräßiger Schleimer der Nacht.

„Olivia"
Acryl, Pastel, 50 x 60 cm

GRILLEN

GAMBAS UND GARNELEN

INTO THE WILD

FRISCHFLEISCH

INHALT

WASSERWESEN

BEGLEITER

115

GRILLEN

Wir leben mit unseren Freunden in einer sehr schönen Hausgemeinschaft. Die Freunde haben eine Dachterrasse und wir einen Garten.

Viel Platz zum Grillen und um einen guten Wein in der Abendsonne zu genießen.

Phasianus colchicus

„Am Feuer"
Collage, 30 x 40 cm

BURGER VOM GRILL

mit Aprikosen-Relish

Aprikosen entsteinen und klein würfeln, 1 Zwiebel schälen und zusammen mit der Paprika fein hacken.
Mit 2 EL Olivenöl und Zitronensaft verrühren, salzen und pfeffern.
Minze und Pistazien hacken und untermischen.

Übrige Zwiebel und 2 Knoblauchzehen fein hacken, 2 cm Ingwer reiben und zusammen in Olivenöl anschwitzen.

Aus der Pfanne nehmen und mit Hackfleisch, frischen Semmelbröseln und Ei mischen, und mit Salz und Pfeffer würzen.
8 Burger formen, mit Öl bestreichen und ab auf den Grill.

Bei mittlerer Hitze etwa 10 Minuten grillen. Das Baguette schräg in Scheiben schneiden und auf dem Grill toasten. Die Burger auf das Brot legen und das Aprikosen-Relish darauf anrichten.

Fehlt nur noch ein frischer, sommerlicher Wein.

EINKAUFSZETTEL
FÜR 4 PERSONEN

800 g Rinderhackfleisch

4 Aprikosen

1 rote Paprika

2 rote Zwiebeln

1 Zitrone

1 Bund Minze

2 EL grüne Pistazien

1 Ei

1 frisches Baguette

2 Knoblauchzehen

2 cm Ingwer

Semmelbrösel aus altbackenem Baguette

Salz + Pfeffer

GARNELEN MIT ZITRUS-SALSA

Den Grill vorheizen. Für die Salsa alle Zutaten mit einem Stabmixer glatt pürieren.

Die Garnelen abspülen und trockentupfen.
Koriander, Cayenne-Pfeffer und Öl in einer Schüssel gut verrühren und die Garnelen sorgfältig darin wenden.

Die Garnelen über mittlerer Glut sehr kurz von jeder Seite grillen, bis sie rosa sind.

Auf eine Servierplatte geben, mit Koriander und Basilikum garnieren und mit der Zitrus-Salsa servieren.

GEGRILLTE KNOBLAUCH-FORELLEN

Den Grill anheizen.
1 Zitrone auspressen, den Saft mit ½ TL Salz und 1 kräftigen Prise Pfeffer verrühren. Das Öl unterrühren.

Die Forellen mit der Marinade außen und innen bestreichen.
Die Knoblauchzehen abziehen und in Stifte schneiden. Die andere Zitrone heiß abwaschen, trockenreiben und der Länge nach halbieren.
Die Zitronenhälften jeweils in 4 Spalten schneiden. Petersilienblättchen von den Stielen zupfen, grob hacken und mit den Knoblauchstiften und je 1 Stück Zitrone die Bauchhöhlen der Forellen füllen.

Das Rost des Grills mit Öl dünn bestreichen.
Die Forellen auf den Rost legen (nicht zu nah über der Glut) und etwa 15 Minuten grillen, dabei einmal wenden.

Die Forellen herunternehmen und mit den restlichen Zitronenschnitzen anrichten.

Zu Gegrilltem will ich nur Brot und Salat!

„Bandit"
Mischtechnik, 20 x 50 cm

"Yvonne"
Mischtechnik auf Buchdeckel, 20 x 30 cm

GEGRILLTE RINDERLENDE

mit Kräuteröl

Die Kräuterblätter abzupfen und
hacken, den Knoblauch hacken und
alles mit dem Saft 1 Zitrone und etwa
50 ml Olivenöl mischen. Salzen und
pfeffern. Kalt stellen.

Die Rinderlende mit Öl bepinseln,
pfeffern und für etwa
30 bis 40 Minuten auf den Grill geben.

Dabei regelmäßig wenden und mit
Fingerdruck den Gar-Zustand
überprüfen.

Die knusprig gebratene Lende mit
der Kräutersoße übergießen und
servieren.

Dazu mag ich einen Kartoffel-
oder Nudelsalat.

EINKAUFSZETTEL
FÜR 4 PERSONEN

1 kg Rinderlende
einige Zweige Thymian,
Oregano und Rosmarin
3 Knoblauchzehen
1 Zitrone
Olivenöl
Salz + Pfeffer

SENF-HONIG-KEULEN

LAMMKARREE

in Balsamico-Rosmarinmarinade

Die Keulen mit einem scharfen Messer zwei- bis dreimal einschneiden und in eine Schüssel geben. Honig, Senf, die gehackte Chilischote, Essig und Öl verrühren, die Keulen zugeben und mehrmals darin wenden. Salzen und pfeffern. Abdecken und 12 Stunden kalt marinieren.

Den Grill vorheizen. Die Keulen abtropfen lassen und die Glasur aufbewahren. Die Keulen über mittlerer Glut grillen, bis das Fleisch durchgegart ist. Dabei regelmäßig wenden und mit der Glasur bestreichen.

Die Salatblätter auf einer Servierplatte verteilen, die Hähnchenkeulen darauf anrichten und servieren.

Lassen Sie sich vom Metzger das Lammkarree in doppelte Koteletts schneiden. So ist besser gewährleistet, dass das Fleisch trotz Grillhitze innen rosa bleibt.

Die Lammkarrees in eine Schale geben und mit gehacktem Rosmarin, Knoblauch und Zwiebeln bestreuen.

Olivenöl, Balsamico-Essig, Zitronensaft und Honig verrühren, mit Salz, Pfeffer und Chilisoße würzen und über das Fleisch gießen.

Über Nacht im Kühlschrank abgedeckt marinieren.

Den Grill anheizen.
Die Lammkarrees abtropfen lassen, dabei die Marinade aufbewahren.

Die Lammkarrees ca. 2 Minuten auf jeder Seite grillen, dabei regelmäßig mit der Marinade bestreichen.

**EINKAUFSZETTEL
FÜR 4 PERSONEN**

8 Hähnchenunterkeulen

4 EL Dijon-Senf

125 ml Honig

4 EL körniger Senf

4 EL Weißweinessig

2 EL Olivenöl

1 Chilischote

Salatblätter

Salz + Pfeffer

**EINKAUFSZETTEL
FÜR 4 PERSONEN**

12 doppelte Lammkarrees

3 EL frisch gehackter Rosmarin

1 kleine Zwiebel

2 Knoblauchzehen

3 EL Olivenöl

1 EL Balsamico-Essig

1 EL Zitronensaft

1 EL Chilisoße

1 TL Honig

Salz + Pfeffer

GAMBAS UND GARNELEN

Mein Sohn Felix und ich lieben Gambas und Garnelen!

In unseren Frankreich-Urlauben haben wir sie beinahe täglich gegessen und ihnen die Ehrenbezeichnung „kleine Freunde" verliehen.

Das ist 25 Jahre her, doch unsere Vorliebe ist ungebrochen, und der Kosename für die leckeren Schalentiere inzwischen im gesamten Freundeskreis adaptiert.

„Kleine Freunde"
Aquarell, 50 x 60 cm

"Freundchen"
Mischtechnik, 20 x 30 cm

GEBRATENE CHILI-GARNELEN

Die Wasabi-Paste mit der Mayonnaise verrühren und in kleine Schälchen füllen.

Knoblauch und Chili hacken, von der Limette die Schale abreiben und den Saft auspressen. Die Orange auspressen.

Das Zitronengras in dünne Scheiben schneiden.
Alles in eine Schale geben, etwas Zucker, Salz und 1 EL Fischsoße dazugeben.
Mit den ganzen Garnelen sorgfältig vermischen und mindestens 1 Stunde kalt marinieren.

Die Marinade durch ein Sieb gießen, die Flüssigkeit auffangen.

Etwas Öl in einer beschichteten Pfanne erhitzen und die Garnelen sehr kurz darin braten.
Etwas salzen, mit der aufgefangenen Marinade löschen und sofort servieren.

Kopf, Beine und Schale entfernen, in die Wasabi-Mayonnaise dippen und genießen.

Dazu mag ich sehr kurz in Knoblauchbutter gebratenen Wildspargel und geröstetes Baguette.

**EINKAUFSZETTEL
FÜR 6 PERSONEN**

36 ganze, rohe Garnelen

5 EL Wasabi-Paste

8 EL Mayonnaise

1 Stängel Zitronengras

1 Bio-Limette

1 Orange

2 Knoblauchzehen

1–2 Chilischoten

Fischsoße

Olivenöl

Zucker, Salz

MARINIERTE SCHMETTERLINGS-GARNELEN

mit Feldsalat

Die Garnelenschwänze schälen, der Länge nach fast halbieren,
in Schmetterlingsform aufklappen und dabei den Darm entfernen.
Ingwer reiben, Knoblauch und Peperoni fein hacken. Den Feldsalat putzen.

Das Sesamöl in einem Topf erhitzen, Ingwer, Knoblauch und Peperoni
kurz anschwitzen. Den Zucker dazugeben und unter Rühren schmelzen.
Mit Sojasoße und 3 EL Limettensaft ablöschen.
Die Garnelen in eine Schüssel legen und, bis auf 3 EL, die heiße Marinade
darübergießen und über Nacht ziehen lassen.

Das Walnussöl mit den 3 EL Marinade, 1 EL Limettensaft, Salz und Pfeffer
verrühren und mit dem Feldsalat vermischen.

Die Garnelen abtropfen lassen.

In einer Pfanne das Pflanzenöl erhitzen, die Garnelen hineinlegen und unter
mehrfachem Wenden sehr kurz braten.
Mit etwas Marinade ablöschen und sofort vom Feuer ziehen.

Den Salat auf Tellern anrichten und die Garnelen darauflegen.

EINKAUFSZETTEL FÜR 4 PERSONEN

8 Garnelenschwänze

150 g Feldsalat

3 cm Ingwer

1 Knoblauchzehe

1 rote Peperoni

4 EL Sesamöl

1 EL brauner Zucker

4 EL helle Sojasoße

4 EL Limettensaft

2 EL Pflanzenöl

2 EL Walnussöl

Salz + Pfeffer

„Vom Fliegen"
Acryl, Collage, 30 x 40 cm

ZITRONENGARNELEN

mit Minzsoße

Die Garnelen auslösen und den Darmfaden entfernen. Die Garnelen in eine flache Form geben, den Saft von den Zitronen, die gehackte Minze, das Olivenöl, den Essig und den gehackten Knoblauch darüber verteilen. Salzen und pfeffern. Alles gut vermengen. Abdecken und im Kühlschrank marinieren.

Die Garnelen aus der Marinade nehmen und abtropfen lassen. Butter in die Pfanne geben und die Garnelen 2 – 3 Minuten von jeder Seite braten, bis sie rosa und gar sind.
Währenddessen die Marinade pürieren, dabei die Crème fraîche und den Parmesan unterheben.

Die Garnelen mit der Minzesoße servieren, Baguette dazu – fertig.

**EINKAUFSZETTEL
FÜR 4 PERSONEN**

750 g rohe Riesengarnelen

2 Zitronen

1 Bund frische Minze

2 Knoblauchzehen

50 g Butter

3 EL Olivenöl extra

1 EL Rotweinessig

1 EL Crème fraîche

1 EL frisch geriebener Parmesan

Salz + Pfeffer

INTO THE WILD

Gutes Wildfleisch zu bekommen ist nicht immer einfach.
Das meiste Wild kommt aus Zuchtbeständen und darf folglich
angemessen kritisch betrachtet werden.

Gute Ware finden Sie eigentlich nur in einer Metzgerei,
die sich auf Wild spezialisiert hat, oder zumindest ein großes
Sortiment führt.

Aber vielleicht sind Sie mit einem Jäger befreundet oder fahren
ein Auto mit stabilem Kühlergrill …

Wie auch immer Sie Ihr Wild beschaffen, hier die Rezepte
für Ihre Beute.

„Der Elfender"
Farbstift auf Holz, 14 x 45 cm

ARMES BAMBI

Rehkeule mit Pfirsich

Rehfleisch salzen und mit frisch zerstoßenem Pfeffer einreiben.
Öl in einem Bräter erhitzen und das Fleisch darin rundherum anbraten.
Zum Ende ein gutes Glas Sherry dazugeben.

Den Backofen auf 210 °C vorheizen.

Die Pfirsiche halbieren und entsteinen. Mit den Schnittflächen in Zucker
tunken und anschließend mit der Zuckerseite nach oben in den Bräter geben.

Den Bratentopf in den Ofen stellen und das Fleisch 20 Minuten garen.

Inzwischen das Basilikum von den Stielen zupfen und die Blätter grob schneiden.
Mit Olivenöl und etwas Salz und Pfeffer fein pürieren.

Das Fleisch in Alufolie wickeln und kurz ruhen lassen.
Anschließend in Scheiben schneiden und mit Pfirsichen und Basilikumöl
servieren und mit dem ausgetretenen Bratenjus übergießen.

Dazu Pappardelle.

**EINKAUFSZETTEL
FÜR 6 PERSONEN**

3 Stück bestes Rehkeulenfleisch á 350 g

2 TL schwarze Pfefferkörner

3 EL Öl

6 vollreife Pfirsiche

3 EL Zucker

3 Stiele Basilikum

6 EL bestes Olivenöl

Salz + Pfeffer

„Bambis Erstversorgung"
Bleistift und Aquarell, 50 x 65 cm

„Röööhr"
Acryl, 60 x 60 cm

REHNÜSSCHEN MIT FEIGENSOSSE

EINKAUFSZETTEL FÜR 4 PERSONEN

800 g Rehrücken, ausgelöst

6 frische Feigen

150 g gemahlene Haselnüsse

5 EL Portwein

250 ml Wildfond

1 EL Mehl

1 Eiweiß

3 EL Butterschmalz

1 Rosmarinzweig

50 g Zucker

50 g Butter

Salz + Pfeffer

Den Backofen auf 180 °C vorheizen. Das Fleisch waschen, trockentupfen und mit Salz und Pfeffer würzen.
Mit Mehl bestäuben, mit dem verquirlten Eiweiß einstreichen und in den Haselnüssen wenden.

Das Butterschmalz in einem Bräter erhitzen und den Rehrücken darin rundherum gut anbraten. Den Rosmarinzweig zugeben und kurz mitschmoren.

Das Fleisch im Ofen etwa 15 Minuten schmoren.
Dann aus dem Bräter nehmen, in Folie wickeln und 10 Minuten ruhen lassen.

Für die Soße die Feigen waschen und klein schneiden.
Den Zucker in einem Topf mit dem Portwein karamellisieren lassen, die Feigen zugeben und den Wildfond angießen.
Aufkochen, dann pürieren und die Butter nach und nach einrühren. Abschmecken.

Den Rehrücken in Scheiben schneiden und mit der Soße servieren.

Dazu schmecken mir Gnocchi.

WINTER-WILDGULASCH

EINKAUFSZETTEL
FÜR 4 PERSONEN

1 kg gemischtes Hirsch- und Wild-
schweingulasch

5 Zwiebeln

2 Karotten

10 Wacholderbeeren

150 g getrocknete Feigen

2 – 3 EL Butterschmalz

1 Lorbeerblatt

200 ml Rotwein

250 ml Fleischbrühe

4 cl Sherry

Salz + Pfeffer

Die Zwiebeln grob würfeln, die Karotten fein würfeln,
die Wacholderbeeren im Mörser zerstoßen und die Feigen vierteln.

In einem Bräter Butterschmalz erhitzen und das Fleisch anbraten.

Zwiebeln und Karotten dazugeben und mitdünsten.
Mit der Brühe ablöschen. Salz, Pfeffer, Lorbeerblatt und Wacholderbeeren
hinzugeben.
Wein und etwas Cherry hinzufügen und aufkochen lassen.

Feigen zugeben und mit geschlossenem Deckel bei kleiner Hitze gut
1 ½ Stunden schmoren.

Nochmals mit Salz und Pfeffer abschmecken.

„König des Waldes"
Aquarell, 20 x 30 cm

1907.   Recettes du 6 Janvier.

153   Entrées avec Cartes

240   "   payantes francs: 24 00

393

23 .

47 .

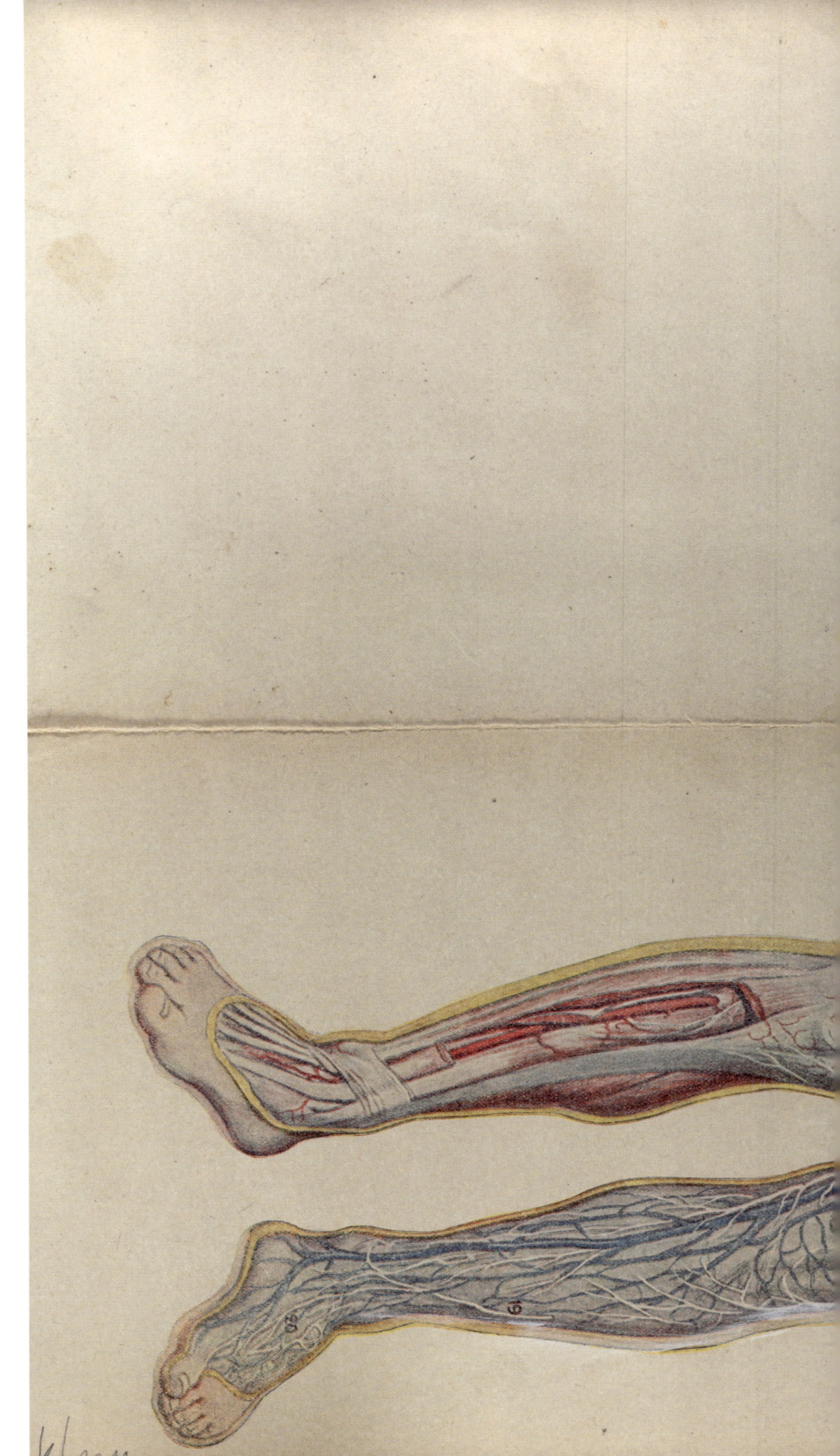

„Melancholischer Jäger"
Mischtechnik, 30 x 40 cm

„Hasenaufstand"
Bleistift, Acryl, 30 x 40 cm

HASENKEULEN MIT MARONEN

Eines meiner Weihnachtsessen – ein Klassiker

**EINKAUFSZETTEL
FÜR 4 PERSONEN**

4 Hasenkeulen

250 g vorgekochte Maronen

100 g Butter (eisgekühlt)

2 Karotten

500 g Kartoffeln

½ Knollensellerie

2 Zwiebeln

2 Knoblauchzehen

1 Paprikaschote (rot oder grün, egal ...)

je 2 Zweige Thymian und Rosmarin

2 Lorbeerblätter

5 Wacholderbeeren

1 Flasche Rotwein z. B. Burgunder

4 EL Rotweinessig

Olivenöl

Parmesan

Salz + Pfeffer

Karotten, Sellerie und Zwiebeln putzen und in Scheiben schneiden, Paprika und Knoblauch fein hacken.

Die Hasenkeulen mit Salz und Pfeffer einreiben. Butter und Öl in einem Bräter erhitzen und das Fleisch von allen Seiten anbraten.
Das vorbereitete Gemüse und die Wacholderbeeren hinzufügen, Wein und Essig dazugeben und aufkochen.
Die Kräuter dazugeben. Etwas Rosmarin für die Dekoration verwahren.

Im geschlossenen Topf etwa 2 Stunden garen, 20 Minuten vor dem Ende der Garzeit die Maronen dazugeben. Das Fleisch müsste sich nun leicht vom Knochen lösen lassen (das können Sie tun oder auch lassen; ich serviere immer mit Knochen).
Fleisch und Maronen herausnehmen.
Die Soße durch ein Sieb zurück in den Topf streichen, wieder erhitzen und die eiskalte Butter hineingeben.
Nun besteht die Möglichkeit eine Variante für Schokoladenfreunde zu kreieren; einfach 30 g geraspelte Bitterschokolade in die Soße geben und schmelzen (es sei nur erwähnt, mein Ding ist das nicht).

Die Keulen zusammen mit den Maronen auf die vorgewärmten Teller geben, mit der Soße übergießen und mit einigen Rosmarinnadeln bestreuen.

Als Beilage mag ich dazu Herzoginkartoffeln. Lecker, und sieht prächtig aus. Ist ein wenig altmodisch, aber auf die gute Art.

Die Kartoffeln, 500 g einer mehlig kochenden Sorte, in gesalzenem Wasser 15 Minuten fast garkochen. Abgießen und unter Beigabe 1 Prise Muskatnuss, 50 g Butter und 2 EL Milch zu einem flockigen Püree stampfen, 2 Eigelb unterrühren.

Ein Backblech mit Backpapier auslegen, den Ofen auf 190 °C vorheizen.
Die Kartoffelmasse in eine Spritztülle füllen und mit etwas Abstand auf das Papier spritzen.

Etwas Milch (2 EL) mit 1 Ei verquirlen und die Rosetten damit bepinseln.
Etwas geriebenen Parmesan darüber streuen und ein Butterflöckchen aufsetzen.
Circa 10 Minuten auf der mittleren Schiene ausbacken, bis sie leicht knusprig sind. Zum Ende hin evtl. mit etwas Oberhitze nachhelfen.

BUH

„Buh"
Acryl, Collage, 25 x 35 cm

HASENRÜCKEN-MEDAILLONS

mit Granatapfelsoße

**EINKAUFSZETTEL
FÜR 4 PERSONEN**

8 Hasenrückenmedaillons

1 Granatapfel

½ Bund Frühlingszwiebeln

1 TL Wacholderbeeren

200 ml Wildfond

8 EL Portwein

3 EL Olivenöl

Salz + Pfeffer

Den Backofen auf 180 °C vorheizen. Das Fleisch waschen, trockentupfen und mit Salz und Pfeffer würzen.

Die Medaillons zu Schnecken rollen und mit Holzspießen feststecken.

2 EL Olivenöl in einem Bräter erhitzen und die Medaillons darin von beiden Seiten kurz anbraten. Im Ofen etwa 15 Minuten weiterbraten.

Das Fleisch aus dem Bräter nehmen, in Alufolie wickeln und 10 Minuten ruhen lassen.

Restliches Olivenöl in den Bräter geben und erhitzen.

Die Frühlingszwiebeln putzen, waschen und in Ringe schneiden. Die Wacholderbeeren mit einer Gabel zerdrücken, in den Bräter geben und andünsten. Den Wildfond angießen und zur Hälfte einkochen. Die Soße durch ein Sieb gießen.

Die Kerne aus dem Granatapfel lösen und mit dem Portwein in die Soße geben, ebenso den ausgetretenen Fleischsaft der Medaillons. Abschmecken und mit dem Fleisch servieren.

Dazu passt ein Süßkartoffelpüree ganz wunderbar.

Mein Testament
für Gesunde und Kranke

von

Msgr. Sebastian Kneipp

Päpstl. Geheimkämmerer, Pfarrer in Wörishofen
(Bayern), Inhaber des Ritterkreuzes des Ordens
vom heiligen Grabe

25. und 26. Auflage

Verlag Josef Kösel & Friedrich Pustet
Kommandit-Gesellschaft/München
Verlagsabteilung Kempten

„Das Testament"
20 x 30 cm Aquarell auf Buchseite

HONIG-KANINCHEN

mit Balsamico

Knoblauch und 1 Zwiebel schneiden, Thymian und Petersilie hacken.
Alles zusammen mit Lorbeerblättern, Pfefferkörnern und Weißwein aufkochen
lassen. Mit Salz abschmecken und abkühlen lassen.

Die Kaninchenkeulen mit einem Messer mehrfach einstechen und in der
Marinade mindestens 12 Stunden kaltstellen.

Sellerie und Karotten in Scheiben schneiden.
Die andere Zwiebel fein hacken.

Die Kaninchenkeulen aus der Marinade nehmen.
Die Marinade durchsieben und die Flüssigkeit verwahren.
Das Fleisch trockentupfen, mit Salz und Pfeffer würzen und leicht in Mehl
wenden. Öl in einem Bräter erhitzen und das Fleisch von allen Seiten anbraten.

Dann aus dem Bräter heben und Zwiebel, Sellerie und Karotten darin dünsten.

Kapern, Oliven, Rosinen und Pinienkerne zugeben und das Fleisch wieder in
den Behälter legen. Etwas Marinade zugießen.
Mit Deckel bei kleiner Flamme ca. 20 Minuten schmoren.

Essig und Honig einrühren und weitere 15 Minuten schmoren.
Mit der Petersilie bestreuen.

Dazu mag ich Bratkartoffeln.

**EINKAUFSZETTEL
FÜR 4 PERSONEN**

4 Kaninchenkeulen

2 Zwiebeln

2 Knoblauchzehen

3 Zweige Thymian

1 Bund glatte Petersilie

3 Lorbeerblätter

1 TL Pfefferkörner

400 ml Weißwein

2 Stangen Sellerie

2 Karotten

etwas Mehl

Olivenöl

2 EL Kapern

2 EL schwarze entsteinte Oliven

2 EL Rosinen

2 EL Pinienkerne

4 EL weißer Balsamico-Essig

2 EL Honig

Salz + Pfeffer

KANINCHEN FÜR VIER

Kaufen Sie beim Metzger ein küchenfertiges, in 8 Teile zerlegtes Kaninchen.

Die Knoblauchzehen hacken. Das Fleisch mit Knoblauchpaste, Salz und Pfeffer einreiben und mit Olivenöl dünn bestreichen. Mit Klarsichtfolie abdecken und für mindestens 30 Minuten in den Kühlschrank stellen.

Dann die Kräuter fein hacken. Einen großen Bräter erhitzen, die Fleischstücke hineingeben und bei mittlerer Hitze rundherum anbraten.
Kräuter, Brühe und Wein zugeben und das Fleisch zugedeckt 20 Minuten bei kleiner Hitze schmoren.

Tomaten kreuzweise einritzen, mit kochendem Wasser überbrühen und die Haut abziehen. Die Tomaten vierteln und entkernen, die Flüssigkeit auffangen. Tomaten, Tomatenflüssigkeit, Oliven und Tapenade zugeben und weitere 15 Minuten schmoren. Den Schmorsud noch einmal abschmecken und eventuell mit Pfeffer nachwürzen.

Dazu passen Reis, Kartoffeln aber auch Fettuccine.

**EINKAUFSZETTEL
FÜR 4 PERSONEN**

1 küchenfertiges Kaninchen

750 g feste Tomaten

3 Knoblauchzehen

6 Salbeiblätter

1 kleiner Zweig Rosmarin

½ l Gemüsebrühe

½ l trockener Weißwein

8 schwarze Oliven

1 EL Tapenade (provenzalische Paste aus schwarzen Oliven)

Olivenöl

Salz + Pfeffer

KAN

„Häschen hüpf"
Öl auf Papier, 40 x 60 cm

FRISCHFLEISCH

Willkommen ihr Brüstchen und Lenden, ihr saftigen Keulen und zarten Rücken.

Bei der Begriffssuche für das Kapitel Fleisch, führt mich die umgangssprachliche Wortwahl irgendwie immer in die Nähe erotischer Assoziationen.

Das kann doch nur an der sinnlichen Qualität der Zubereitung und dem Genuss von guten Fleischgerichten liegen, oder?

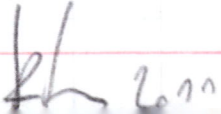

Müßt ich mein Fleisch
selbst erlegen,
ich glaub, mein Schüsselchen
bliebe meistens leer!

„Selbst Raubtier"
Mischtechnik, 20 x 30 cm

GEBRATENE HÜHNERBRUSTSTREIFEN MIT FEIGEN

Eine feine Salatvariante

Die Aubergine in Scheiben schneiden und in einer beschichteten Pfanne ausbacken.
Hühnerbrustfilets mit wenig Olivenöl in einer Pfanne garbraten.

Anschließend beiseitestellen, etwas auskühlen lassen.

Die Hühnerbrustfilets in Streifen schneiden und zusammen mit den Radicchioblättern
auf Tellern anrichten.
Den Salat mit den Auberginenscheiben und geviertelten Feigen garnieren.

Für das Dressing Zitronensaft, Honig, Majoran, Salz und Pfeffer in einem Topf
bei schwacher Hitze erwärmen.
Das Dressing über den Salat geben und servieren.

**EINKAUFSZETTEL
FÜR 4 PERSONEN**

2 Hühnerbrustfilets

6 Feigen

1 Aubergine

Olivenöl

8 Radicchioblätter

80 ml Zitronensaft

2 EL Honig

2 EL Majoranblätter

Salz + Pfeffer

„Perlhuhn"
Mischtechnik, 40 x 50 cm

4 Hähnchenbrustfilets à 200 g

2 EL Aprikosenkonfitüre

2 cm Ingwer

1 Knoblauchzehe

1 Frühlingszwiebel

1 Stange Zitronengras

3 EL Sesamöl

6 EL Sojasoße

3 EL Pflanzenöl

1 EL süße Chilisoße

2 EL Limettensaft

Salz + Pfeffer

HÄHNCHENBRUST
MIT APRIKOSENSOSSE

Das Fleisch in 3–4 cm große Würfel schneiden.
Ingwer reiben und Knoblauch fein hacken, die Frühlingszwiebel in dünne Ringe schneiden.

Das Zitronengras in 1 cm lange Stücke teilen.
Die Hälfte vom Ingwer mit Knoblauch, Zitronengras, Sesamöl und 3 EL Sojasoße verrühren und
darin die Hähnchenwürfel mindestens 12 Stunden marinieren.

Das Hähnchenfleisch aus der Marinade nehmen und trockentupfen. Die Marinade durch ein Sieb gießen
und die Flüssigkeit auffangen.
In einer Pfanne das Öl erhitzen und das Hähnchenfleisch braten. Sparsam salzen und pfeffern.
Zum Schluss etwas Marinade darüber träufeln.

Für die Aprikosensoße den restlichen Ingwer, 1 EL Chilisoße, 3 EL Sojasoße, Limettensaft und Aprikosenkonfitüre
verrühren, und die Zwiebelringe untermischen. Das Hähnchenfleisch mit der Aprikosensoße anrichten.

SOMMERLICHER HÜHNERTOPF

Ein deftig leckeres Essen für 6 Personen

Zwiebeln würfeln und Knoblauchzehen in Scheiben schneiden
(eine Knoblauchzehe verwahren). Tomaten grob schneiden.
Die Kräuter zupfen und die Blätter kleinschneiden.
Chilischote längs halbieren und die Kerne entfernen.
Die Schale der Orange abreiben.

In einem Schmortopf 3 EL Olivenöl erhitzen. Die Geflügelteile salzen
und bei mittlerer Hitze von allen Seiten goldbraun braten.
Herausnehmen und Zwiebeln und Knoblauch im Öl anschwitzen.
Die Hälfte der Kräuter dazugeben, mit Wein und Geflügelfond begießen
und zum Kochen bringen.

Geflügel, Chilischoten, Lorbeerblätter und den Orangenschalenabrieb dazugeben
und 45 Minuten bei mittlerer Hitze im geschlossenen Topf kochen.

Backofen auf 200 °C vorheizen.

Die Brotscheiben auf einer Seite mit Öl bestreichen und im Ofen
goldbraun backen. Verbliebene Knoblauchzehe pellen und die
Brotscheiben damit einreiben.

Die Hühnerteile aus dem Topf nehmen und im Backofen warm halten.
Oliven zerdrücken und mit den Tomaten in den Sud geben und 2–3 Minuten er-
wärmen.
Mit Salz und Pfeffer würzen.
Die Hühnerteile mit der Soße übergießen und mit den gehackten Kräutern
bestreuen.

Zum Servieren je 1 Scheibe Knoblauchbrot in einen Teller geben
und mit dem Eintopf übergießen.

„Mama kocht"
Collage, 30 x 40 cm

**EINKAUFSZETTEL
FÜR 6 PERSONEN**

1 Poularde, ca. 2 kg
(vom Händler in 10 Stücke teilen lassen)
250 ml Geflügelfond
300 g Zwiebeln
5 Knoblauchzehen
500 g Flaschentomaten
1 Bund glatte Petersilie
½ Bund Thymian
1 große, rote Chilischote
6 EL Olivenöl
500 ml Weißwein
2 Lorbeerblätter
1 Bio-Orange
150 g grüne Oliven ohne Stein
Baguette
Salz + Pfeffer

CHILI-HUHN MIT KAPERN

Ein einfaches Gericht, das lediglich zum Ende hin etwas Fingerspitzengefühl braucht, damit das Fleisch nicht zu trocken gerät.

Die Kapern in einem Sieb abtropfen lassen, Salbeiblätter, Knoblauchzehen und die Chilis hacken (wem getrocknete Chilis zu scharf sind, kann hier auch auf die frische, mildere Schote zurückgreifen).

Von der Zitrone Zesten reißen und den Saft auspressen.

Die Karotte und die Zuckerschoten waschen; die Karotte in dünne Scheiben schneiden.
1 ½ EL Olivenöl in der Pfanne stark erhitzen, die geschnittenen und gehackten Zutaten hineingeben und kräftig anbraten,
mit 100 ml Weißwein löschen, nach 2 Minuten die Hitze reduzieren und weitere 3 – 4 Minuten schmoren.

Aus der Pfanne nehmen und warmstellen.

Den Rest Öl in die Pfanne geben und die gedrittelten Brustfilets anbraten, salzen und pfeffern (sparsam salzen, die Kapern sind schon salzig)
nach ca. 3 – 4 Minuten etwas Honig darüber geben, kurz weiterbraten, mit Weißwein ablöschen.
Die Flüssigkeit bei mittlerer Hitze sämig einkochen.

Das Fleisch immer wieder wenden und mit leichtem Fingerdruck den Garzustand überprüfen, um es vor dem Austrocknen zu bewahren.

Das Fleisch anrichten und die Kapernsoße darüber geben.
Dazu Weißbrot reichen.

Schmeckt auch noch kalt am nächsten Tag.

**EINKAUFSZETTEL
FÜR 6 PERSONEN**

4 große Hühnerbrüste ohne Haut
2 getrocknete Chili-Schoten
100 ml eingelegte Kapern
3 EL Olivenöl
12 Salbeiblätter
300 ml Weißwein
3 – 4 Knoblauchzehen
1 ungespritzte Zitrone
1 Karotte
250g Zuckerschoten oder
Prinzessböhnchen
Salz + Pfeffer

„Private Property"
Collage, 30 x 40 cm

„Stadtmusikanten"
Mischtechnik, 30 x 30 cm

Täglich frisches Obst...

...für Ihre Gesundheit

HÜHNERLEBER MIT KIRSCHEN

Zwiebeln und Ingwer schälen, in feine Streifen schneiden und
in einem Topf mit etwas Öl glasig anschwitzen.

Kirschkonfitüre, Brühe und Balsamico-Essig dazugeben und im offenen Topf
aufkochen lassen. Kirschen zur Soße geben und mindestens 5 Minuten auf
kleiner Hitze kochen lassen.

Die Lebern leicht salzen und im Mehl wenden. Öl in einer Pfanne erhitzen
und die Butter hineingeben. Die Lebern darin unter Wenden 3 – 4 Minuten braten.
Salzen und pfeffern und flott mit der Soße servieren.

Dazu passt geröstetes Brot oder Kartoffelpüree mit Salbei-Butter.
Hierzu einfach Butter aufschäumen und darin die Salbeiblätter knusprig ausbacken.
Zuletzt gehackten Knoblauch beifügen, würzen und über das Püree gießen.

EINKAUFSZETTEL FÜR 4 PERSONEN

600 g kleine Hühnerlebern

200 g Süßkirschen

150 g Zwiebeln

25 g Ingwerwurzeln

2 EL Öl

2 EL Kirschkonfitüre

250 ml Geflügelbrühe

2 – 3 EL Balsamico-Essig

3 – 4 EL Mehl

25 g Butter

Salz + Pfeffer

ENTENBRUST AUS DER PFANNE

Die Entenbrust auf der Hautseite quer einschneiden.
Die Schalotten hacken. Den Ingwer reiben.
Von der Orange die Schale abreiben und den Saft auspressen.
Frühlingszwiebeln in dünne Ringe schneiden.
Die Chilischote entkernen und in dünne Streifen schneiden.

Etwas Öl in eine Pfanne geben und die Entenbrüste auf der Hautseite
knusprig anbraten. Das Fleisch wenden, Schalotten und Ingwer hinzufügen
und weitere 2 Minuten braten.

Orangensaft, Hühnerbrühe, Honig, Sojasoße und die Chilischote
dazugeben und unter Rühren fertiggaren.

Das Fleisch in Scheiben portionieren und mit der Soße und auf die Teller geben.

Mit Pfeffer würzen. Die Zwiebelringe auf das Fleisch streuen.

Dazu passt Basmati-Reis.

**EINKAUFSZETTEL
FÜR 4 PERSONEN**

4 kleine Entenbrustfilets
3 – 4 Schalotten
1 Bio-Orange
2 Frühlingszwiebeln
1 rote Chilischote
4 EL Sesamöl
75 ml Hühnerbrühe
1 EL Honig
2 EL Sojasoße
2 cm Ingwer
Pfeffer

ENTE

FENCHEL-ORANGEN-ENTE

Den Backofen auf 220 °C vorheizen.

Von 1 Orange die Zesten abziehen, die Orange schälen und filetieren.
Thymianblätter zupfen, 2 Orangen und 1 Zitrone auspressen.
Die Schalotten und den Knoblauch schneiden.
Den Fenchel (ohne den Strunk) fein hacken.

Die Entenkeulen salzen. Saft ½ Orange, Honig und die Hälfte
der Thymianblätter verrühren.
Die Keulen in einen Bräter legen und mit dieser Mischung übergießen.

Für mindestens 45 Minuten ab in den Ofen.
Gelegentlich wenden.

In einer Pfanne die Butter erhitzen, Schalotten, Knoblauch, Fenchel,
Orangenzesten und den restlichen Thymian andünsten.
Mit Wein und Brühe ablöschen, aufkochen und auf die Hälfte reduzieren.
Salzen und pfeffern.

Den restlichen Orangen- und Zitronensaft hinzufügen,
die Orangenfilets untermischen, zu den fertiggegarten Entenkeulen
geben und noch mal kurz aufheizen.

Dazu Wildreis reichen.

EINKAUFSZETTEL
FÜR 4 PERSONEN

4 Entenkeulen

1 Fenchelknolle

3 Bio-Orangen

6 Zweige Thymian

4 Schalotten

2 Knoblauchzehen

1 Zitrone

2 EL Honig

50 g Butter

300 ml Weißwein

500 ml Hühnerbrühe

Salz + Pfeffer

„Franzose"
Aquarell, 45 x 60 cm

HONIG-ENTE

Eine sehr schmackhafte „belegtes Brötchen"-
Variante für den Sommer

Die Haut der Entenbrust leicht einschneiden und mit Salz, Pfeffer und süßem
Paprikapulver einreiben. Mit Honig und Sojasoße übergießen und 12 Stunden
im Kühlschrank marinieren.

Einen schweren Topf erhitzen und die Entenbrust mit der Hautseite nach unten
4 Minuten anbraten. Wenden und auch auf der anderen Seite 4 Minuten braten.
Das Innere sollte noch rosa sein.
Das Fleisch 10 Minuten ruhen lassen und in dünne Scheiben schneiden.

Den Sesam in einer kleinen Pfanne rösten, den Koriander hacken und die
Frühlingszwiebel in Streifen schneiden.
Den Kreuzkümmel, Sesamsamen und Senf mit der Mayonnaise verrühren.
Das Ciabatta-Brötchen halbieren, leicht aushöhlen, mit der Mayonnaise
bestreichen und mit allen Zutaten füllen.

**EINKAUFSZETTEL
FÜR 4 PERSONEN**

1 große Barbarie-Entenbrust

4 Ciabatta-Brötchen

150 g junge Mangoldblätter

150 g feste Salatblätter

½ TL Paprikapulver

1 EL Honig

1 EL helle Sojasoße

1 TL Kreuzkümmelsamen

2 TL geröstete Sesamsamen

½ TL grober Senf

2 EL Mayonnaise

4 Korianderstiele

1 Bund Frühlingszwiebeln

Salz + Pfeffer

SCHWEINEFILET

Mit süßen Früchten und Bärlauch

Vom Bärlauch einige Halme zum Garnieren beiseitelegen,
den Rest kleinschneiden und mit grob zerstoßenem Pfeffer vermischen.

Den Backofen auf 200 °C vorheizen.

Je 4 Scheiben Serrano-Schinken nebeneinander legen und jeweils
1 Schweinefilet darin einrollen.
Die Filets fest in 1 Stück Alufolie wickeln und die Enden zusammendrehen.
Die Fleischrollen auf einen Ofenrost legen
und im Backofen etwa 25 Minuten garen.

Die Feigen abspülen und halbieren.
Den Zucker in einer Pfanne bei mittlerer bis starker Hitze schmelzen lassen.
Die Feigen mit den Schnittflächen nach unten hineinlegen und den Himbeersirup
darüber gießen. Die Pfanne schließen und die Feigen bei kleiner Hitze
karamellisieren lassen. Den Fond mit Salz und Pfeffer abschmecken.

Die Papaya halbieren, entkernen und die schwarzen Samen mit dem Löffel
herauskratzen.
Die Papaya-Hälften schälen, in Spalten schneiden und mit wenig frisch
gepresstem Limettensaft beträufeln.
Abdecken und beiseitestellen.

Die Schweinefilets aus dem Ofen nehmen und in der Folie 10 Minuten
ruhen lassen. Das Fleisch in etwa 1 cm dicke Scheiben schneiden und
zusammen mit den Feigen, den Papaya-Spalten und dem restlichen Bärlauch
anrichten.
Zum Schluss den gewürzten Himbeerfond über die Filets träufeln.

Dieses saftige Sommergericht benötigt eigentlich keine Beilage,
aber geröstetes Brot oder Bandnudeln wären sicher keine Schmäh.

EINKAUFSZETTEL FÜR 4 PERSONEN

2 Schweinefilets zu etwa 400 g

8 frische Feigen

1 Bund Bärlauch

2 TL schwarze Pfefferkörner

8 hauchdünne Scheiben Serrano-

Schinken

1 EL Zucker

2 EL Himbeersirup

1 reife Papaya

½ Limette

Salz + Pfeffer

„Pain"
Collage auf Buchdeckel, 20 x 30 cm

FRUCHTIGES SCHWEINEFILET

Die Chilischote hacken. Von der Limette Zesten reißen und den Saft auspressen. Den Ingwer reiben.

Die Hälfte der Heidelbeeren pürieren (wenn Sie keine frischen Beeren bekommen, geht es natürlich auch mit tiefgefrorener Ware).

Die andere Hälfte der Heidelbeeren zusammen mit den Zesten und dem Saft der Limette, dem Ingwer und dem Chili in einer Schüssel vermischen und 1 Stunde ziehen lassen.

Dann unter Rühren langsam Olivenöl und Heidelbeerpüree untermischen und mit Salz und Pfeffer abschmecken.

Das Fleisch mit Salz und Pfeffer einreiben und in einer Pfanne in Butterschmalz von allen Seiten anbraten, danach bei kleiner Hitze durchziehen lassen. Das Fleisch sollte noch rosa sein.

Das Fleisch in Alufolie 5 Minuten ruhen lassen. Dann in Scheiben schneiden und zu dem Heidelbeer-Püree geben.

EINKAUFSZETTEL FÜR 4 PERSONEN

500 g Schweinefilet

250 g frische Heidelbeeren

1 Bio-Limette

1 rote Chilischote

2 cm Ingwer

2–3 EL Olivenöl

Butterschmalz

Salz + Pfeffer

„Ferkel"
Acryl , 50 x 50 cm

SÜSS-SCHARFES SCHWEINEFILET

Das Filet parieren, salzen und pfeffern, mit 2 zerdrückten Knoblauchzehen, 2 EL Olivenöl und Zitronensaft in eine Schüssel geben und kaltstellen. Das tun Sie am besten bereits am Vortag. Schweinefleisch bekommt das Marinieren besonders gut!

Backofen auf 180 °C vorheizen.

Etwas Öl in einer Pfanne erhitzen, das Schweinefleisch darin von jeder Seite anbraten. Den Fenchel in Scheiben schneiden, in eine Bratenform geben, das Fleisch darauflegen und die Form abdecken.

Circa 10 Minuten im Backofen schmoren. In einem Topf 1 EL Öl erhitzen, den gehackten Ingwer hinzufügen und kurz durchziehen lassen.

Honig und Calvados dazugeben und die Soße um die Hälfte reduzieren.

Das Schweinefleisch in Scheiben schneiden und mit dem Fenchel auf Tellern anrichten; die Ingwer-Honig-Glasur darübergeben.

„Schweinebiene"
Mischtechnik, 20 x 30 cm

„I like you"
Mischtechnik, 27 x 30 cm

SCHINKEN MIT ERBSEN

Deftig und frisch

Die Schinkenkeule in einen tiefen Topf legen und mit kaltem Wasser bedecken.
Salz zugeben und zum Kochen bringen. Den Schaum abschöpfen.

Von der Petersilie und dem Oregano die Blätter zupfen und hacken.
Die Lorbeerblätter, den gehackten Knoblauch und die in Scheiben geschnittene
Zwiebel, Muskat und die Pfefferkörner hineingeben.
Den Deckel auflegen und 1 Stunde sanft kochen.

Den Backofen auf 220 °C vorheizen.

Den Schinken aus dem Topf nehmen und den Sud durch ein Sieb gießen.
Den Schinkensud verwahren.

Die Haut einschneiden und mit Olivenöl, Honig und den gemahlenen Nelken
einreiben. Ordentlich salzen! In eine feuerfeste Form legen und im Backofen
45 Minuten braten.

Die Erbsen (ich verwende hier tiefgekühlte Erbsen, deren Qualität völlig
ausreichend ist) zu der Keule geben, den Schinkensud aufgießen und weitere
8 – 10 Minuten im Ofen ziehen lassen.

Den Schinken schneiden und noch heiß mit den Erbsen und den gehackten
Minzeblättern servieren.

Dazu Kartoffelpüree, klassisch.

**EINKAUFSZETTEL
FÜR 6 PERSONEN**

2 kg ungeräucherte Schinkenkeule

500 g grüne Erbsen (küchenfertige
Tiefkühlware)

2 Lorbeerblätter

1 Bund glatte Petersilie

1 Prise getrockneter Oregano

2 Knoblauchzehen

1 Zwiebel

1 TL frisch geriebene Muskatnuss

1 EL ganze Pfefferkörner

gemahlene Nelken

1 Bund Minze

1 EL Honig

Olivenöl

Salz + Pfeffer

KLEINE CHILI-SCHWEINEREI

Ein bisschen asiatisch und in einer kleineren
Menge auch eine tolle, sommerliche Vorspeise

Dazu ein leckerer Drink – das Glas zuerst von innen mit einer Scheibe
Gurke kräftig einreiben, dann 1 Schuss Gin, 2 Gurkenscheiben und
Eiswürfel hineingeben und mit Tonicwater auffüllen.

Das Schweinefilet parieren, pfeffern und salzen.
Das Öl in einer großen Pfanne erhitzen. Das Filet rundum anbraten,
aus der Pfanne nehmen, in Alufolie wickeln und beiseite stellen.

Den Ingwer reiben, Chili fein hacken, die Limette auspressen
(wenn Ihnen diese Variante zu scharf ist, können Sie auch auf die
großen, oft milderen Chilischoten zurückgreifen;
dann reicht 1 entkernte Schote).

Ingwer, Chili, Sojasoße, Zucker, Fischsoße und Limettensaft bei
mittlerer Hitze in einer Pfanne rühren, bis der Zucker sich aufgelöst hat.
Nun die Soße reduzieren bis sie eine schöne Konsistenz hat.

Das Schweinefilet in Scheiben schneiden, kurz zurück in die eingekochte Soße
geben, darin wenden und noch mal erhitzen.

Die Gurke in dünne Scheiben schneiden, Minze und Korianderblätter hacken
und zusammen mit den Sojasprossen auf die Teller verteilen und das
Schweinefleisch fächerartig darauf anrichten.
Mit der Soße übergießen.

Das braucht keine Sättigungsbeilagen!
Aber sollten Sie Reis dazu reichen wollen, achten Sie darauf, dass Sie
genug Soße haben. Also nicht zu sehr eindicken.

EINKAUFSZETTEL
FÜR 4 PERSONEN

800 g Schweinefilet

1 milde oder 2 getrocknete
Chilischoten

1 – 2 EL Sesamöl

1 EL Ingwer

80 ml Sojasoße

4 – 5 EL brauner Zucker

1 EL Fischsoße

Saft 1 Limette

2 mittelgroße Salatgurken

ca. 1 Handvoll Sojasprossen

ca. 25 g Minzeblätter

ca. 20 g Koriandergrün

Salz + Pfeffer

„Nichts wie weg"
Farbstift, 30 x 50 cm

„Das Schweigen der Kälber"
Mischtechnik auf Holz, 15 x 24 cm

KALBSROULADEN

mit Balsamico-Orangensoße

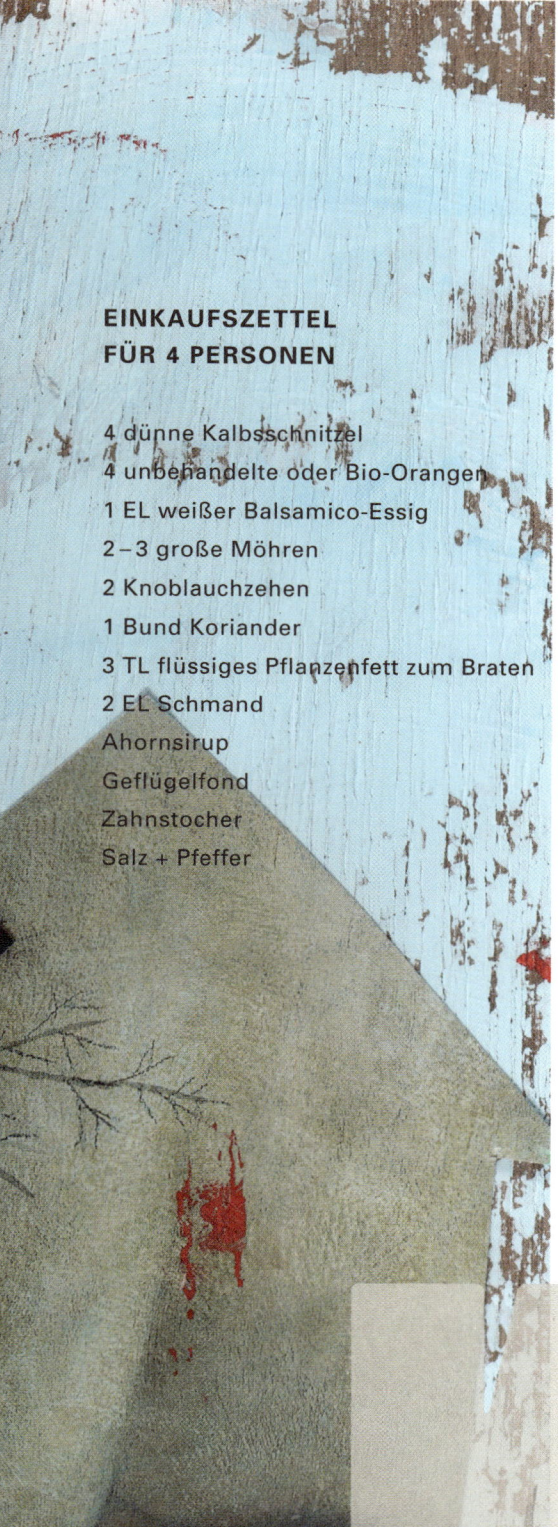

**EINKAUFSZETTEL
FÜR 4 PERSONEN**

4 dünne Kalbsschnitzel
4 unbehandelte oder Bio-Orangen
1 EL weißer Balsamico-Essig
2–3 große Möhren
2 Knoblauchzehen
1 Bund Koriander
3 TL flüssiges Pflanzenfett zum Braten
2 EL Schmand
Ahornsirup
Geflügelfond
Zahnstocher
Salz + Pfeffer

Rouladen waren mir seit der Kindheit ein Gräuel.
Mit diesem Rezept hat sich das geändert!

Durch die Orangenschale, die Karotten und vor allem die Korianderblätter
kommen diese Rouladen sehr frisch daher.

Die geputzten Möhren mit einem Sparschäler längs in dünne Scheiben hobeln
und in kochendem Salzwasser 30 Sekunden kochen, abgießen,
kalt abspülen und abkühlen lassen.

Von 1 Bio-Orange die Schale abreiben. Die Knoblauchzehen schneiden.
Korianderblättchen von den Stielen zupfen und hacken.

Die Kalbsschnitzel mit Frischhaltefolie abdecken und mit dem Fleischklopfer
gleichmäßig flachklopfen.
Die Rouladen salzen, pfeffern und mit den Möhrenstreifen so belegen,
dass diese etwas überlappen.
Knoblauch, Orangenschale und Koriander darauf verteilen.

Die Rouladen fest aufrollen und mit kleinen Holzspießen zusammenstecken.
Das Pflanzenfett kurz erhitzen und die Rouladen darin bei mittlerer Hitze
anbraten.

Ausgepressten Orangensaft, Ahornsirup und Geflügelfond zu den Rouladen
gießen. Den Topf schließen und die Rouladen bei mittlerer Hitze garschmoren.
Den Bratensud mit Balsamico-Essig, Salz und Pfeffer abschmecken und
Schmand unterrühren.

KALB

SCHNITZEL

mit Olivenkruste

Das Brötchen auf der Reibe fein reiben.

Die Semmelbrösel mit den gehackten Oliven und Oreganoblättern sowie Salz und Pfeffer in einer großen Schüssel mischen.

Die Eier in einem Suppenteller verquirlen.

Die Schnitzel von beiden Seiten durch das Ei ziehen und anschließend in den Semmelbröseln wenden; die Panade etwas andrücken.

Nun nehmen Sie eine große Pfanne mit hohem Rand und füllen sie mit ca. ½ cm Öl.

Bei hoher Temperatur jeweils 2 Schnitzel darin auf jeder Seite 2 bis 3 Minuten ausbacken.

Die Schnitzel auf Küchenpapier entfetten und servieren.

Dazu ein Salat mit etwas geröstetem Brot.

EINKAUFSZETTEL „SCHNITZEL MIT OLIVENKRUSTE" FÜR 4 PERSONEN

4 Kalbsschnitzel

60 g schwarze Oliven

1 EL gehackte Oreganoblätter

2 Eier

1 Brötchen vom Vortag

Pflanzenöl

Salz + Pfeffer

EINKAUFSZETTEL „DAS FLOTTE KALBSSCHNITZEL" FÜR 4 PERSONEN

8 kleinere Kalbsschnitzel

100 g Pinienkerne

8 entsteinte schwarze Oliven

1 Bund glattblättrige Petersilie

2 EL Zitronensaft

80 g Butterschmalz

Mehl

Salz + Pfeffer

DAS FLOTTE KALBS- SCHNITZEL

In einer fettfreien, beschichteten Pfanne die Pinienkerne rösten, dann die Oliven und die Petersilie hacken, die Zitrone pressen.

Mischen Sie die Pinienkerne, Oliven, Petersilie mit dem Zitronensaft, Salz und Pfeffer.

Nun die Kalbsschnitzel in Mehl wenden und das überschüssige Mehl abklopfen.

Butterschmalz in einer großen Pfanne erhitzen und die Kalbsschnitzel darin braten, bis sie gegart sind. Achtung, das geht schnell!

Das Fleisch auf vorgewärmte Teller geben, mit der Pinienkernmischung bestreuen und mit dem Bratensaft aus der Pfanne beträufeln.

Röstkartoffeln mit Rosmarin und Thymian passen bestens.

Dazu die gewürfelten Kartoffeln mit Thymian, Rosmarin, etwas Öl und Salz bei etwa 200 °C im vorgeheizten Backofen 25 Minuten garen.

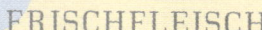

KALB

„Zu Tisch"
Collage auf Holz, 20 x 40 cm

RINDERMEDAILLONS MIT PORTWEINSOSSE

Ein schönes Essen, wunderbar stressfrei zu fertigen

**EINKAUFSZETTEL
FÜR 6 PERSONEN**

1 Kilo Rinderfiletsteaks

500 ml Portwein

350 g Schalotten

1 Glas getrocknete Tomaten in Öl

750 ml Rinderfond im Glas

2 Knoblauchzehen

2 kleine, getrocknete Chilis

400 g Möhren

250 g Zuckerschoten

Butterschmalz, Butter und Olivenöl

Thymianzweige

Paprikapulver

brauner Zucker

Salz + Pfeffer

Vom Metzger Ihres Vertrauens ein knappes Kilo feines Rinderfilet besorgen und in 6 Stücke teilen. Das Fleisch salzen und pfeffern.

Den Backofen auf 80 °C vorheizen.

Das Butterschmalz in einer Pfanne erhitzen und das Fleisch von beiden Seiten kurz anbraten, auf eine Platte legen und mit frisch gezupftem Thymian bestreuen. Mit Alufolie abdecken.

Dann ab in den Ofen, wo sie bis zu einer Stunde schlummern können (mindestens jedoch 15 – 20 Minuten).

Das gibt uns Zeit für die Soße.

300 g Schalotten häuten, halbieren und in Olivenöl und etwas Butter glasig dünsten.
1 – 2 EL braunen Zucker darüber streuen und unter Wenden karamellisieren.
10 Tomaten aus dem Glas abtropfen lassen, in Streifen schneiden und zu den Schalotten geben. Zusammen mit dem Portwein (ein Gläschen aufheben) und dem Rinderfond kurz aufkochen und dann etwa 30 – 40 Minuten auf die Hälfte einkochen lassen. Salzen, pfeffern und noch mal abschmecken.

Für das Gemüse planen Sie ca. 15 Minuten ein.

1 – 2 Knoblauchzehen und 2 Schalotten und 400 g Möhren in dünne Scheiben schneiden, 2 kleine Chilischoten fein hacken, alles mit Butter und einem Schuss Olivenöl braten und anziehen lassen. Die Zuckerschoten hinzugeben.
Mit dem restlichen Portwein löschen und auf kleiner Flamme gar ziehen lassen. Mit Salz, Pfeffer und etwas süßem Paprikapulver würzen.

Ich mag Karotten gern, wenn sie nicht mehr ganz so bissfest sind.
Dafür einfach etwas mehr Flüssigkeit (Port- oder Rotwein) nehmen und folglich länger kochen.

Dazu liebe ich ein feines Kartoffelpüree.

„Zu Ende"
Collage, 40 x 40 cm

UMMANTELTES RINDERFILET MIT ROTWEINGLASUR

Ein schöner Trost für kalte Winterabende

Den Ofen auf 180 °C vorheizen. In einer Pfanne die Butter
schmelzen und den in dünne Scheiben
geschnittenen Lauch ca. 5 Minuten weich dünsten.
Die Pfanne vom Feuer nehmen und 1 EL Meerrettich unterrühren.

Je Filet 2 Scheiben Speck überlappend auslegen und mit dem
gedünsteten Lauch belegen. Die Filets salzen und pfeffern,
in den Speckmantel wickeln und mit Zahnstochern fixieren.

In einer Pfanne das Fleisch von beiden Seiten anbraten, auf ein
mit Backpapier ausgelegtes Blech legen nd knapp
15 Minuten im Ofen schmoren.
Die Pfanne mit dem Bratenfond für die Glasur verwahren.

Für die Rotweinglasur geben Sie 50 g Butter, 150 ml Rotwein,
150 ml Rinderfond (aus dem Glas) sowie 2 – 3 EL rotes
Johannisbeergelee in die Pfanne, in der Sie das Fleisch
angebraten haben.
Die Zutaten mit Salz und Pfeffer würzen und dickflüssig einkochen.
Die Glasur auf das angerichtete Fleisch geben.

Als Beilage ist ein schönes Kartoffelpüree fantastisch.
Aromatisiert mit Trüffelöl oder mit Steinpilzen.

Die fein geschnittenen Steinpilze zusammen mit
1 feingehackten Schalotte in einer buttrigen Pfanne ausbacken.
Mit etwas Petersilie bestreuen und später unter die
gestampften Kartoffeln geben.

Kochen Sie die mehligen Kartoffeln bis sie gar sind und
gießen Sie sie ab.
Dann müssen Sie unter Beigabe von Butter und Milch sowie
Salz und Pfeffer nur noch fleißig stampfen, bis die gewünschte
Konsistenz erreicht ist.
Die Butter erwärme ich zuvor in der Milch.
Muskat, das ich in „Pü" eigentlich liebe,
lasse ich bei dieser Variante weg.

**EINKAUFSZETTEL
FÜR 4 PERSONEN**

4 Rinderfilets à 250 g
8 Scheiben Bratspeck
30 g Butter
1 Lauchstange
Sahnemeerrettich
Kartoffeln mehlig kochend
Salz + Pfeffer

Für die Glasur:
50 g Butter
Rotwein
Rinderfond
Johannisbeergelee

„Baum der Erkenntnis"
Mischtechnik, 20 x 30 cm

RINDEREINTOPF MIT KASTANIEN

Spätestens wenn die Maronen wieder auf den Waldwegen liegen, sollten wir anfangen,
die länger werdenden Nächte mit Leckereien zu verkürzen. Also Kastanien sammeln und los geht's.

Das Fleisch mit Salz und Pfeffer einreiben, in 4 Stücke teilen, etwas Olivenöl in den Bräter geben
und von allen Seiten scharf anbraten. Das Fleisch herausnehmen, abdecken und beiseitestellen.
Das Gemüse fein hacken.

Zwiebeln, Knoblauch, Lorbeerblätter, Karotten, Sellerie und 1 EL Olivenöl in den Bratentopf geben
und anschmoren. Das Tomatenpüree unterrühren und kurz kochen lassen.
Den Rotwein und 300 ml Rinderbrühe hineingießen, kurz zum Kochen bringen und solange
sanft kochen lassen, bis der Sud auf die Hälfte reduziert ist.

Backofen auf 150 °C vorheizen.

Die Fleischstücke wieder in den Bräter zu der Gemüse-Wein-Mischung geben, den Deckel auflegen
und das Ganze im Backofen 2 ½ Stunden garen. Salzen und pfeffern und in Portionen schneiden.

Die frisch gesammelten Kastanien einschneiden und 5 Minuten bei 220 °C im vorgeheizten Backofen garen.
Abkühlen lassen und aus der Schale lösen (das erledige ich bereits am Nachmittag).

Das restliche Olivenöl in einem tiefen Topf erhitzen, den Zucker und die Kastanien zugeben und
unter Rühren karamellisieren lassen.
Die Kastanien zu dem Fleisch in den Bräter geben und das Ganze weitere 40 Minuten im Backofen garen.

Dazu passt mit Meerrettich gewürztes Kartoffelpüree.
Maronen sind als Vakuumware keine schlechte Alternative.

**EINKAUFSZETTEL
FÜR 6 PERSONEN**

1,5 kg Rinderbug

20 Esskastanien

2 Karotten

2 Stangen Sellerie

4 EL Olivenöl

1 große Zwiebel

2 – 3 Knoblauchzehen

2 Lorbeerblätter

1 EL Tomatenpüree

1 ½ Flaschen Rotwein

300 ml Rinderbrühe

1 TL Zucker

Salz + Pfeffer

„Auf der Flucht"
Aquarell, 40 x 60 cm

Vierter Teil.

Das Schaf.

Lord Byron

Das allersanfteste, überwältigende
Locken:
Das Geläut der Seele,
die Essensglocke.

„Die Essensglocke"
Collage, 18 x 35 cm

A

POLENTA-LAMM

EINKAUFSZETTEL FÜR 4 PERSONEN

1 ½ Tassen Polenta
8 Lammkoteletts
65 g Butter
½ Tasse Mascarpone
ca. 120 ml Rotwein
120 ml Rinderfond
2 EL Quittenpüree
Parmesan
Olivenöl
Salz + Pfeffer

In einem Topf mit schwerem Boden 1 l Wasser zum Kochen bringen.

Die Polenta unter ständigem Rühren nach und nach dazugeben und die Hitze soweit wie möglich reduzieren.
Die Polenta etwa 40 – 45 Minuten auf dem Herd quellen lassen.
Dabei immer wieder umrühren.
Die Polenta ist gar, wenn sie sich vom Rand des Topfes löst.

Nun Salz, Pfeffer, Butter, Parmesan und Mascarpone unter die Polenta rühren und das Ganze warmhalten.

In einer Pfanne etwas Olivenöl erhitzen, die Koteletts darin von jeder Seite bis zum Gar-Punkt braten.
Das geht schnell!
Die Koteletts aus der Pfanne nehmen und warmhalten.

Wein, Rinderfond und Quittenpüree in die Pfanne geben und diese Soße ca. 5 Minuten sanft kochen lassen, bis sie andickt.

Die Polenta auf die Teller verteilen, die Lammkoteletts darauf legen und das Ganze mit der Soße übergießen.

MM

LAMM IM JOGHURTSÄCKCHEN

**EINKAUFSZETTEL
FÜR 4 PERSONEN**

900 g ausgelöste Lammkeule

300 g Joghurt

60 g Schafskäse

1 Bund Lauchzwiebeln

je 4 Stängel Oregano und Thymian

½ Bund Dill

Olivenöl

Pergamentpapier

Salz + Pfeffer

Das Fleisch parieren und in 3 cm große Würfel schneiden.
Es darf kein Fett mehr anhängen.
Die Fleischwürfel in kochendes Wasser geben und einmal aufkochen lassen,
sofort abgießen und abtropfen lassen.

Die Lauchzwiebeln putzen und in Ringe schneiden.
Oregano, Thymian und Dill fein hacken.

Für die Soße den Joghurt in einer großen Schüssel mit Schafskäse,
Olivenöl, Lauchzwiebeln und Kräutern verrühren, mit Salz und Pfeffer würzen.
Die Fleischwürfel hineingeben und ziehen lassen (mindestens 1 Stunde).

Den Backofen auf 200 °C vorheizen.

Für jede Portion 2 feste Bögen Pergamentpapier übereinander legen
und dünn mit Öl bestreichen.
Das Fleisch mit der Joghurtsoße auf die 4 Bögen verteilen.
Das Papier oben zusammennehmen, zusammendrehen und
mit Küchenband zusammenbinden.

Die Päckchen auf ein Backblech setzen und im Backofen etwa 50 Minuten garen.
Das Lammfleisch im Päckchen servieren.

Dazu reiche ich gerne Reis.

„Dr. Mabuses Küche"
Mischtechnik, 30 x 45 cm

LAMMRÜCKEN MIT RUCOLA UND PARMESANCRACKER

Wenn Sie das Fleisch weglassen, ergibt das einen feinen Salat

Das Lammfilet bereits am Vortag einlegen.
Für die Marinade den Saft 1 Zitrone mit 1 ½ EL Olivenöl, Salz und Pfeffer mischen. Thymian, Rosmarin, mindestens 2 Knoblauchzehen und etwas Chili fein hacken und dazugeben.
Das Fleisch damit einreiben und kaltstellen.
Zu Lamm passen auch verschiedene aromatisierte Senfvarianten
z. B. Dijon-Senf mit Honig.

Den Ofen auf 180 °C vorheizen. Den geriebenen Parmesan in 10 Häufchen von etwa 1 EL auf ein mit Backpapier ausgelegtes Backblech legen, mit dem Löffel andrücken und backen, bis der Käse knusprig aussieht.

Herausnehmen und abkühlen lassen, dazu auf ein Gitter legen.
Ich mache die Cracker bereits einige Stunden bevor die Gäste kommen.

Den Apfel im Ganzen entkernen und in dünne Scheiben schneiden,
mit dem gewaschenen Rucola vermischen. Balsamico-Essig, Olivenöl, Salz und Pfeffer über den Salat geben.

Auf einem großen Teller anrichten, den in Scheiben geschnittenen Ziegenkäse und zum Schluss die Käsecracker darauf verteilen.

Die eingelegten Filets in die heiße Pfanne geben.
Das Fleisch anbraten und mit 4 cl Sherry löschen, mit Folie abdecken und im Backofen bei niedriger Temperatur ein wenig ziehen lassen.

Zum Salat reichen und mit dem Rest Bratensud übergießen.

**EINKAUFSZETTEL
„LAMMRÜCKEN MIT RUCOLA
UND PARMESANCRACKER"
FÜR 4 PERSONEN**

4 Lammfilets à 150 g

250 g Rucola

150 g Parmesan

1 – 2 rotschalige Äpfel

150 g Ziegenkäse

2 EL Olivenöl

2 EL Balsamico-Essig

1 Zitrone

Thymian

Rosmarin

Chili

4 cl Sherry

2 Knoblauchzehen

Dijon-Senf

Salz + Pfeffer

**EINKAUFSZETTEL
„GESCHMORTE LAMM-
KOTELETTS IM KARTOFFEL-
ZUCCHINIBETT"
FÜR 4 PERSONEN**

8 doppelte Lammkoteletts

1 kg Kartoffeln

4 kleine Zucchini

12 Knoblauchzehen

1 – 2 Zweige Rosmarin

2 EL Olivenöl

40 g gehackte Minzeblätter

1 ½ EL grobkörniger Senf

2 ½ EL Honig

Salz + Pfeffer

LAMM

GESCHMORTE LAMM-KOTELETTS

im Kartoffel-Zucchinibett

Den Ofen auf 220 °C vorheizen.
Kartoffeln schälen und in Scheiben
schneiden. Knoblauch schneiden,
Zucchini längs halbieren.
Mit Rosmarin, Öl, Salz und Pfeffer
mischen und alles in eine große
Schmorpfanne geben.
Gut 25 – 30 Minuten im Ofen
schmoren.

Das Fleisch parieren.

In eine Pfanne etwas Öl geben und
die Lammkoteletts darin rundherum
anbraten.

Für die Soße gehackte Minze,
Senf und Honig in einer Schüssel
verrühren.

Die Lammkoteletts auf die Kartoffeln
und Zucchini geben, mit etwas
Senfsoße bestreichen und weitere
10 Minuten im Ofen schmoren.

Ich serviere dieses Essen rustikal.
Die Schmorpfanne kommt auf den
Tisch, die Gäste fischen sich die
Leckereien selber heraus.
Die Soße wird separat gereicht.

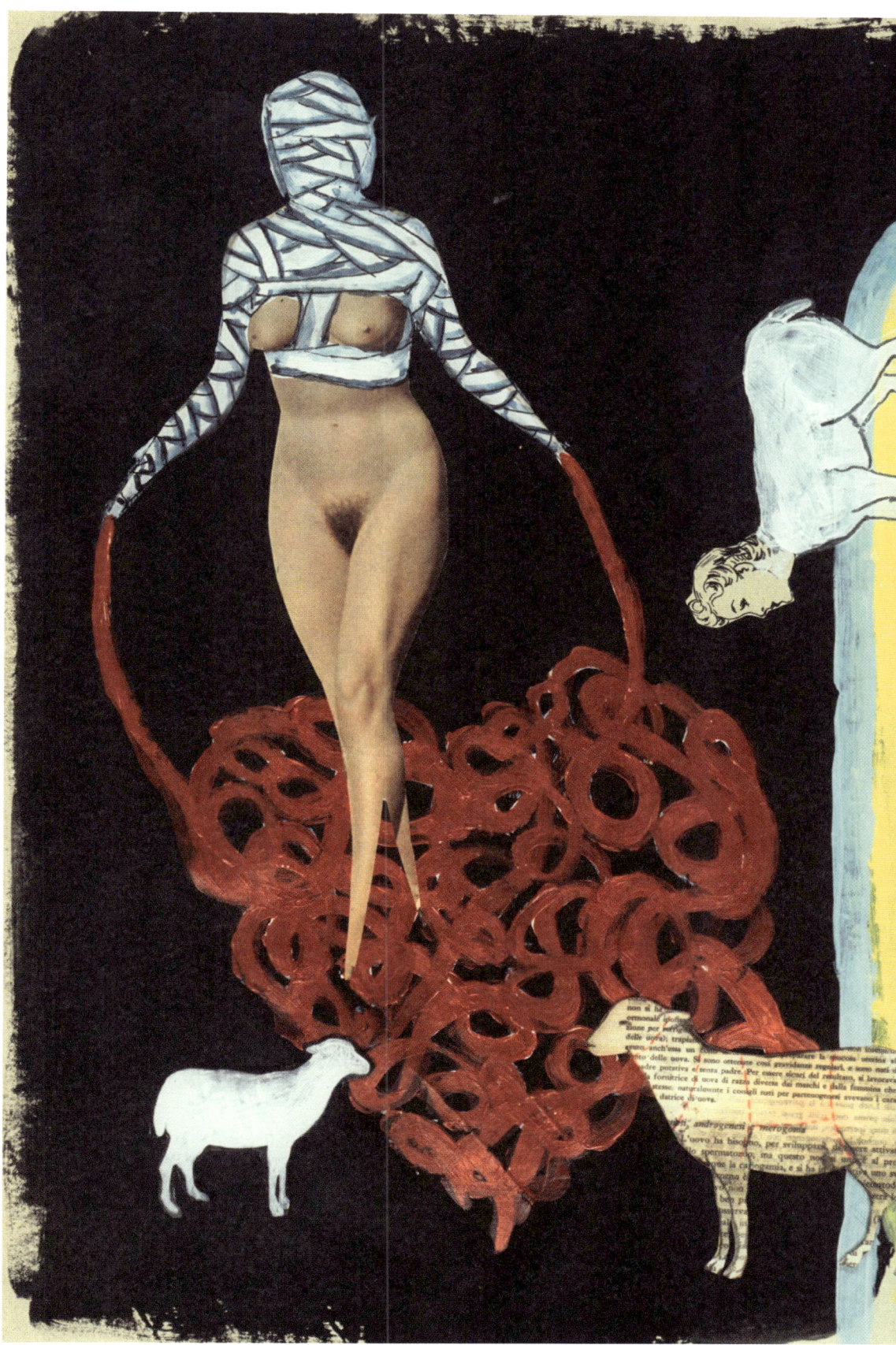

„Sehr verbunden"
Mischtechnik, 30 x 50 cm

Futterm

GEBACKENE LAMMKEULE

EINKAUFSZETTEL
FÜR 4 PERSONEN

1,5 kg Lammkeule

4 Knoblauchzehen

4 Rosmarinzweige

½ Tasse Honig

½ Tasse Dijon-Senf

ca. 120 ml trockener Weißwein

2 EL Minze

Salz + Pfeffer

Backofen auf 200 °C vorheizen.

Die Lammkeule rundherum salzen und pfeffern,
an vielen Stellen kurz einschneiden und Knoblauchstücke
und Rosmarinzweige in die Schlitze stecken.

Die Lammkeule in eine geölte Bratenform legen.
Die Lammkeule im Backofen etwa 60 Minuten braten;
dabei mehrmals wenden.

Honig und Senf verrühren, die Keule damit bestreichen und weitere
10 Minuten braten.
Dann die Keule aus der Bratenform nehmen, abdecken und warmhalten.

Die Bratenform nun auf die Herdplatte stellen, Wein und die gehackte Minze
hineingeben und umrühren, bis die Soße kocht; das alles bei mittlerer Hitze.

Das Lamm in Scheiben schneiden und mit der Soße servieren.
Ich mag dazu Röstkartoffeln mit Rosmarin und Thymian.

Versuchen Sie das Lamm auch mal mit Niedrigtemperatur-Garen,
d. h. nach dem Anbraten bei nur 80 °C über 4 – 5 Stunden garen lassen.
Optimal für zartes Fleisch!

Variationen:
Nehmen Sie anstelle des Honigs Ingwermarmelade oder Orangenmarmelade.
Oder, reiben Sie etwas Ingwer und die Schale 1 Bio-Orange, verquirlen das
mit dem Saft von 3 – 4 Orangen und geben Sie dieses Gemisch nach und nach
über den Braten. Das ergibt eine frische Note.

„Opfergaben"
Mischtechnik, 50 x 50 cm

WASSERWESEN

Ich liebe es am Wasser zu sein. Eine Urlaubsreise wird mich immer an Seen und Flüsse führen. Selbst die jährliche Bergwanderung mit meinen Freunden wird zielgerichtet nach Standorten in Wassernähe ausgesucht.

Das Meer, die Seen und Flüsse sind absolute Sehnsuchtsorte. Faszinierend, geheimnisvoll, sagenumwoben …

Und kulinarisch ein Paradies! Und, es gibt noch viel zu entdecken! Forscher gehen davon aus, dass wir vermutlich etwa 90 % der Fischarten in den Weltmeeren noch gar nicht kennen …

Verlockende Aussichten!

„Wasserwesen"
30 x 40 cm, Acryl, Aquarell und Wachs

Lachs in dünne
Scheibn
schneid

LACHS-CARPACCIO

Der perfekte Ausklang eines
schönen Sommertages – lauwarm serviert

Die Kartoffeln waschen, schälen und in Würfeln schneiden,
4 EL Olivenöl in einer Pfanne erhitzen und die Kartoffelwürfel
unter Schwenken darin goldbraun braten.
Birnen vierteln, entkernen und würfeln.
Zu den Kartoffeln geben und kurz mitbraten.

Inzwischen den frischen Lachs in dünne Scheiben schneiden
und mit den Räucherlachsscheiben abwechselnd auf einer Platte schichten.

Limettensaft, 6 EL Olivenöl, Honig-Senf verrühren,
über den Lachs geben und 5 Minuten im ca. 150 °C heißen Ofen erwärmen.

Radicchio putzen und in feine Streifen schneiden.
Kurz vor dem Servieren unter die Kartoffeln mischen.

Sahne kurz aufkochen, salzen und pfeffern.
Schnittlauch fein schneiden und in die Sahne geben.

Kartoffel-Birnen-Mischung über den Lachs geben
und die Schnittlauchsahne über den Lachs verteilen.

**EINKAUFSZETTEL
FÜR 4 PERSONEN**

300 g frisches Lachsfilet ohne Haut

300 g Räucherlachs in Scheiben

2 große Kartoffeln

10 EL Olivenöl

2 reife Birnen

2 EL Limettensaft

4 EL Honig-Senf

1 kleiner Radicchio

100 g Schlagsahne

1 Bund Schnittlauch

Salz + Pfeffer

„Der gute Fang"
Mischtechnik, 23 x 25 cm

KALTE GURKENSUPPE MIT LACHS

Einen ¼ l Hühnerbrühe aufkochen und auskühlen lassen.
Gurke waschen und putzen, die Hälfte beiseitelegen.
Übrige Gurke schälen, in Stücke schneiden.
Dill zupfen und etwas zum Garnieren beiseitelegen.

Gurke und Dill pürieren und mit der Hühnerbrühe, Zitronensaft
und 75 g Crème fraîche verrühren.
Mit Salz, Pfeffer und Muskat kräftig abschmecken.

Gurkensuppe mindestens 30 Minuten kalt stellen
(Sie können sie bestens vorbereiten und einige Stunden im
Kühlschrank verwahren).

Restliches Gurkenstück in kleine Würfel schneiden.
Lachs in Streifen schneiden.
Suppe in Schalen anrichten und je einen Klecks Crème fraîche
darauf geben.

Mit Gurkenstückchen, Lachsstreifen und übrigem Dill garnieren.

Dazu schmeckt Baguette.

**EINKAUFSZETTEL
FÜR 4 PERSONEN**

1 große Salatgurke
100 g geräucherter Lachs
¼ Liter klare Hühnerbouillon
½ Bund Dill
1 EL Zitronensaft
150 g Crème fraîche
Muskatnuss
Salz + weißer Pfeffer

„Novelle"
Collage auf Buchdeckel, 18 x 25 cm

„Der Schwarm"
Collage, 20 x 30 cm

FETTUCCINE
MIT ZITRONEN-SCHWERTFISCH

Die Fettuccine in einem Topf mit kochendem Wasser al dente kochen und abgießen.
In der Zwischenzeit das Öl in einem Topf bei mittlerer Temperatur erhitzen
und geriebene Zitronenschale, fein gehackten Knoblauch,
Chili und Thymian wenige Minuten darin dünsten; warmstellen.

Die Butter in einer Pfanne erhitzen und den gewürfelten Schwertfisch braten,
bis er goldbraun ist.
Den Fisch aus der Pfanne nehmen und warmstellen.

Die Zitronen in Scheiben schneiden und in die Pfanne geben,
2 Minuten von jeder Seite braten.
Die Schwertfischwürfel mit dem aromatisierten Öl und den Nudeln vermischen
und in tiefen Tellern mit Parmesan und Pfeffer servieren.

Mit den gebratenen Zitronenscheiben garnieren.

**EINKAUFSZETTEL
FÜR 4 PERSONEN**

500 g Fettuccine

400 g Schwertfisch

1 Bio-Zitrone

2 EL Zitronenthymianblätter

2 EL Olivenöl

1 Knoblauchzehe

1 rote Chilischote

50 g Butter

Parmesan

Salz + Pfeffer

KRAKENNUDELN

Spaghetti mit Sepia für Vier

Die Sepia-Tuben in 5 mm breite Streifen schneiden.
Zwiebeln und Knoblauch fein würfeln. Basilikumblättchen in Streifen,
die Tomaten in Würfel schneiden. Die schwarzen Oliven fein hacken.

Olivenöl in einer großen Pfanne erhitzen und 1 Zwiebel und Knoblauch
darin glasig anschwitzen.
Tomatenwürfel, gehackte Oliven und Basilikum zugeben und etwa
8 Minuten garen.

In einer beschichteten Pfanne etwas Öl erhitzen und nochmals 1 Zwiebel
und Knoblauch anschwitzen.
Die Sepiastreifen zugeben und unter Rühren sehr kurz braten.
Mit Weißwein ablöschen und vom Feuer ziehen.
Mit Salz und Cayennepfeffer abschmecken und zu den Tomaten geben.

Die inzwischen al dente gegarten Spaghetti abgießen und in der Pfanne
mit der Sepia-Soße mischen.

**EINKAUFSZETTEL
FÜR 4 PERSONEN**

5 – 6 küchenfertige Sepia-Tuben

2 Zwiebeln

3 Knoblauchzehen

10 Blätter Basilikum

5 – 6 EL Olivenöl

¼ l Weißwein

4 mittelgroße Flaschentomaten

6 entsteinte schwarze Oliven

500 g Spaghetti

Salz + Cayennepfeffer

„Luftmeer"
100 x 150 cm, Bleistift und Eisenoxidation

„Um 180 Grad"
Collage, 20 x 35 cm

180°

GESCHMORTER THUNFISCH

**EINKAUFSZETTEL
FÜR 4 PERSONEN**

4 dicke Scheiben Thunfisch je 200 g
500 g große Tomaten
10 entsteinte schwarze Oliven
1 Zwiebel
2 Knoblauchzehen
1 EL Kapern
1 Bund Basilikum
5 Zweige Minze
6 EL Olivenöl
125 ml Weißwein
Salz + Pfeffer

Den Backofen auf 180 °C vorheizen.

Die Tomaten kleinschneiden.
Die Oliven hacken.
Zwiebel und Knoblauch fein würfeln.
Die Kapern hacken.
Basilikum und Minze hacken.

Eine feuerfeste Form mit Olivenöl
ausstreichen, den Thunfisch von
beiden Seiten salzen und pfeffern
und in die Form geben.

Tomaten, Zwiebeln, Knoblauch, Oliven,
Kapern und Kräuter auf dem Fisch
verteilen und etwas Olivenöl darüber
träufeln.

Den Wein angießen und im
Backofen auf mittlerer Schiene
20 Minuten garen.

Das klappt am besten, wenn der
Thunfisch noch an der Gräte ist.
Sonst garen Sie ihn besser separat.

„HI "
Eloitispinie, Acryl, 150 x 150 cm

FEIGER WOLFSBARSCH

Ein wunderbarer Speisefisch, leider sehr teuer.
Hier in der kostengünstigeren Kleingruppenvariante für 4 Personen.

Die Feigen in jeweils 4 Scheiben schneiden.

Wolfsbarschfilets salzen und pfeffern. Olivenöl in einer beschichteten Pfanne
erhitzen und die Fischfilets darin von beiden Seiten kurz braten.
Aus der Pfanne nehmen und auf ein Backblech geben.

Den Backofengrill auf 150 °C vorheizen.

Die Feigen auf die Filets legen und den Käse darauf bröseln,
und unter dem Grill in der Ofenmitte ca. 5 Minuten gratinieren.
Wenn der Fisch etwas dicker ist, die Zeit ein wenig verlängern.
Mit grob zerstoßenem Pfeffer bestreuen und mit etwas Olivenöl
und dem Balsamico-Essig beträufeln.

Dazu schmeckt Brot oder ein Möhren-Risotto.

**EINKAUFSZETTEL
FÜR 4 PERSONEN**

4 Wolfsbarschfilets á 150 g

3 reife Feigen

2 EL Olivenöl

125 g junger Ziegenkäse

4 EL Balsamico-Essig

4 EL Olivenöl

Salz + Pfeffer

WOLF

(RUR)-FORELLE
MIT SALBEIBUTTER

Martin ist unbestrittener Meister des Fliegenfischens und seine ungezählten Trophäen gab er her für eine Parzelle eines reißenden Flusses in der Eifel. Meine Quelle für die frischesten Bachforellen der westlichen Welt!

In einem kleinen Topf die Butter schmelzen, die Schalotten und die Salbeiblätter, unter Zugabe 1 EL Olivenöls anschwitzen. Beiseite stellen.

Die Forellen auf beiden Seiten anbraten, mit Salz, weißem Pfeffer, einigen Thymianblättern und etwas getrocknetem Zitronengras würzen.

Mit einem guten Schuss Sherry löschen.
Schalotten und Salbei wieder hinzufügen und bei kleiner Hitze pro Seite 5 Minuten garen.
Ein wenig Weißwein hinzufügen.
Es sollte ausreichend Fond übrig bleiben, um das Brot darin zu dippen.
Mit etwas gehackter Petersilie bestreuen.

EINKAUFSZETTEL
FÜR 4 PERSONEN

4 küchenfertige Forellen

16 Blätter Salbei

75g Butter

2 Zweige Thymian

2 Schalotten

3 Stiele glatte Petersilie

getrocknetes Zitronengras

Olivenöl

etwas Sherry

Weißwein

Salz + weißer Pfeffer

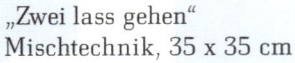

„Zwei lass gehen"
Mischtechnik, 35 x 35 cm

DORADE MIT BASILIKUMCREME

Goldbrassen sind meine liebsten Speisefische
und es gibt so viele Möglichkeiten der Zubereitung.
Hier eine leckere Variante

Die Schalotten fein würfeln. Die Chilischoten längs aufschneiden,
die Kerne entfernen und die Schoten hacken. Das Zitronengras in hauchdünne
Streifen schneiden.

In einen kleinen Topf Sonnenblumenöl, gehackte Schalotten, Chili und
Zitronengras geben und unter Rühren andünsten.

Austernsoße, frisch gepressten Zitronensaft und 80 ml Wasser zugeben,
einmal kurz aufkochen und bei kleiner Hitze etwa 5 Minuten weiterkochen,
dann abkühlen lassen.
Das Zitronengras aus dem Sud fischen.

Petersilie, Basilikumblättchen und die Hälfte des Schnittknoblauchs
kleinschneiden und zusammen mit den Kräutern mit dem Stabmixer fein
pürieren. Dabei die Soße langsam zufügen.

Mit Salz, Pfeffer und evtl. etwas Zucker abschmecken.

Die Doradenfilets in 2 cm breite Streifen schneiden, salzen und pfeffern.

In eine beschichtete Pfanne etwas Olivenöl geben und die Fischstücke kurz
bei mittlerer Hitze braten.

Die rosa Pfefferbeeren im Mörser grob zerdrücken. Doradenfilets und
Basilikumcreme auf vorgewärmten Tellern anrichten, mit den Pfefferbeeren
bestreuen und mit dem restlichen Schnittknoblauch dekorieren.

Dazu schmeckt Limettenschnee. Hierzu die Milch für das Kartoffelpüree
mit etwas Crème fraîche und abgeriebener Limettenschale anreichern.

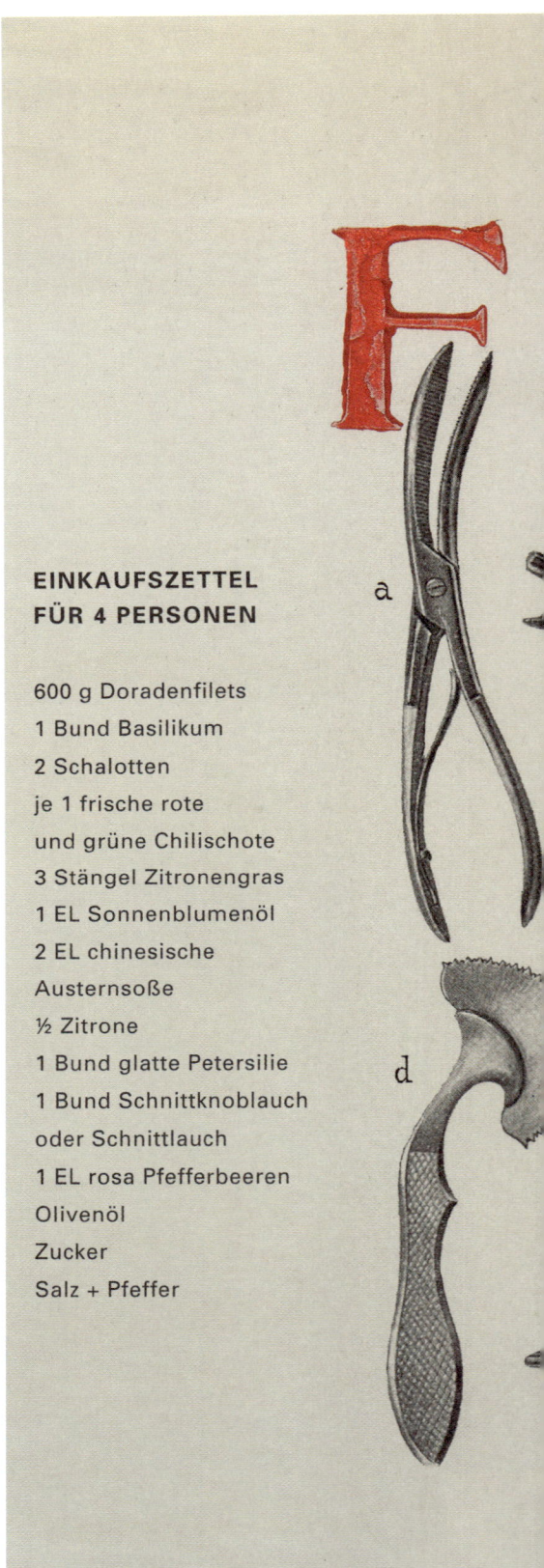

**EINKAUFSZETTEL
FÜR 4 PERSONEN**

600 g Doradenfilets
1 Bund Basilikum
2 Schalotten
je 1 frische rote
und grüne Chilischote
3 Stängel Zitronengras
1 EL Sonnenblumenöl
2 EL chinesische
Austernsoße
½ Zitrone
1 Bund glatte Petersilie
1 Bund Schnittknoblauch
oder Schnittlauch
1 EL rosa Pfefferbeeren
Olivenöl
Zucker
Salz + Pfeffer

„Fischkopp"
Acryl, Collage, 10 x 19 cm

Tafel 121.

ZANDER MIT PFIFFERLINGEN

Die Pfifferlinge putzen, die Schalotten abziehen und halbieren.
Die Zucchini putzen und fein würfeln.

Für die Soße 350 ml Fischfond, Sojacreme und Curry etwa 3 Minuten im offenen Topf einkochen lassen.

1 Prise Zucker und Sojasoße unterrühren. Soße mit Salz, Pfeffer und frisch gepresstem Zitronensaft abschmecken und beiseitestellen.

**EINKAUFSZETTEL
FÜR 4 PERSONEN**

4 Zanderfilets à 150 g

400 g frische Pfifferlinge

6 Schalotten

1 Zucchini

½ Zitrone

400 ml Fischfond

40 g Butterschmalz

200 ml Sojacreme

1 TL Rapsöl

1 ½ EL salzige Sojasoße

1 EL mildes Currypulver

Zucker

Salz + Zitronenpfeffer

Association Royale

Die Fischfilets salzen. Das Butterschmalz in einer großen Pfanne bei mittlerer Hitze erhitzen.

Die Fischfilets mit der Hautseite nach unten in die Pfanne geben und bei kleiner bis mittlerer Hitze 12 Minuten braten; nach der Hälfte der Zeit abdecken und fertig dünsten.
Die Filets herausnehmen, auf Küchenkrepp abtropfen lassen und warmstellen.

Die Pfifferlinge, die Schalotten und die Zucchini in Öl kurz andünsten, den restlichen Fischfond zufügen und etwa 5 Minuten dünsten.
Die Zanderfilets mit Pfeffer bestreuen und mit der Curry-Soja-Soße und dem Gemüse anrichten.

Dazu Reis reichen.

„Association Royal"
Aquarell, 25 x 70 cm

ZANDERFILET MIT ROTE BETE

Aus dem Ofen

Den Backofen auf 200 °C vorheizen.

Die Rote Bete halbieren. Die Knoblauchzehen mit dem Handballen oder einem Messer in der Schale andrücken. Den Majoran abzupfen.

Eine feuerfeste Form mit einem großen Stück Alufolie auslegen.

Rote Bete und Knoblauch hineingeben, mit Majoranblättchen bestreuen, gut salzen und pfeffern.
Balsamico-Essig und Olivenöl verrühren, darübergießen und das Folienpäckchen dicht verschließen. Im Backofen 1 Stunde garen.

Den Fisch in Portionsstücke teilen, leicht salzen und pfeffern und in etwas Mehl wenden. In einer Pfanne das Butterschmalz erhitzen und die Fischfilets auf der Hautseite anbraten, wenden und fertiggaren.

Das Folienpäckchen öffnen.
Den Knoblauch mit einer Gabel aus der Schale drücken und in den Sud geben.
Die rote Bete und etwas von dem Sud zusammen mit den Zanderfilets anrichten.

EINKAUFSZETTEL FÜR 2 PERSONEN

400 g Zanderfilet mit Haut

300 g kleine Knollen Rote Bete

6 Knoblauchzehen

1 Bund frischer Majoran

8 EL Balsamico-Essig

8 EL Olivenöl

1 EL Butterschmalz

etwas Mehl

Salz + Pfeffer

„Meerjungfrau"
Mischtechnik, 60 x 60 cm

RED SNAPPER

mit Kapern und Oliven

Den Fisch in 12 Stücke portionieren.
Die Fischfilets in eine flache Schale legen, Majoran und Petersilie hacken
und darüber streuen, mit Salz und Pfeffer würzen.
Von der Orange die Schale reiben und hinzufügen, 15 Minuten ziehen lassen.

Fenchel dünn aufschneiden.
Etwas Olivenöl in einer Pfanne erhitzen.
Darin den Fenchel unter ständigem Rühren 3 Minuten dünsten.
Eine Prise Salz und Zucker einmischen,
mit Noilly Prat löschen und warmhalten.
Die Fischfilets mit der Haut nach unten etwa 2 – 3 Minuten in der Pfanne braten.
Vorsichtig wenden und weitere 2 Minuten braten, warmhalten.

Butter in einem Topf zerlassen.
Oliven in Scheiben schneiden und mit den abgetropften Kapern,
und unter ständigem Rühren, 3 Minuten in der Butter dünsten.

Die Fischfilets auf Tellern anrichten, mit Fenchel belegen,
mit der Kapernsoße übergießen und sofort servieren.

Dazu Brot und ein frischer Salat.

EINKAUFSZETTEL
FÜR 4 PERSONEN

800 g Red-Snapper-Filet

40 g entsteinte schwarze Oliven

1 EL Kapern

3 EL Majoran und glatte Petersilie

2 EL Noilly Prat

1 Bio-Orange

1 EL Balsamico-Essig

2 kleine Fenchelknollen

30 g Butter

Olivenöl

Salz + Pfeffer

„Zu den Reusen"
Acryl, Collage, Wachs, 50 x 50 cm

„Flotte"
Acryl, Öl und Bleistift auf Weinkisten, 300 x 450 cm

SEETEUFEL IN SPECK

mit Meerrettich-Paste und Spinat

**EINKAUFSZETTEL
FÜR 6 PERSONEN**

6 Seeteufel-Filets à 150 g
12 Scheiben durchwachsener Speck
1 kg Blattspinat
2 EL Olivenöl
Salz + Pfeffer

Für die Paste:
75 ml Olivenöl
50 g geschälte Haselnüsse ohne Haut
50 geschälte Mandeln ohne Haut
1 dicke Scheibe Weißbrot
1 EL Balsamico-Essig
½ EL Sherry-Essig
2 EL Rosinen, eingeweicht in
3 EL Sahnemeerrettich
Sherry-Essig
Salz + Pfeffer

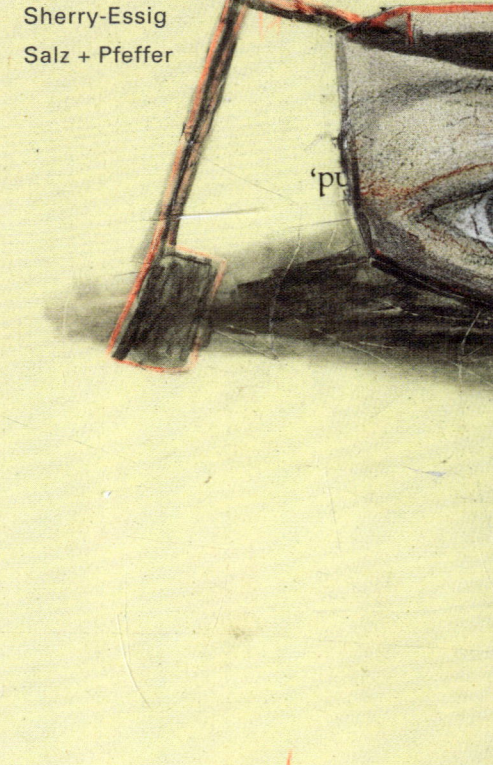

In einer Pfanne 1 EL Öl erhitzen und darin die Nüsse langsam goldbraun rösten.
Herausnehmen und im selben Öl das Weißbrot knusprig rösten.

Nüsse, Brot, Salz und Pfeffer im Mixer gut zerkleinern.

Dabei das Olivenöl ganz langsam zugießen, bis eine cremige Paste entsteht.
Mit etwas Balsamico-Essig abschmecken und 1 Spritzer Sherry hinzufügen.
Meerrettich und Rosinen unterrühren und beiseitestellen.

Den Ofen auf 220 °C vorheizen.

Den Fisch leicht salzen und pfeffern, jedes Stück mit 2 Speckscheiben umwickeln
und in einen Bräter legen.
Mit Olivenöl bepinseln und auf dem Herd bei großer Hitze rundherum anbraten.
Im Ofen etwa 8 – 10 Minuten schmoren lassen.
Sollte der Speck dann noch nicht knusprig sein, unter dem Grill bräunen.

Den Spinat nun etwa 1 Minute blanchieren. Abgießen, abtropfen lassen und mit
etwas Olivenöl, Salz und Pfeffer noch kurz unter Rühren anschwitzen.

Für mich reicht dazu einfach nur etwas geröstetes Baguette.

„Nicht entziehen"
20 x 30 cm, Blei- und Farbstift

SEETEUFEL MIT PAPAYA

EINKAUFSZETTEL FÜR 4 PERSONEN

600 g Seeteufel
1 Papaya
2 EL helles Sesamöl
4 EL Pflanzenöl
2 EL helle Sojasoße
7 EL Limettensaft
1 rote Peperoni
2 Frühlingszwiebeln
Zucker
1 Knoblauchzehe
2 cm Ingwer
Salz + Pfeffer

Die Papaya halbieren, mit einem Esslöffel die Kerne entfernen, das Fruchtfleisch aus der Schale lösen und sehr fein würfeln.

Ein Dressing aus Sesamöl, Pflanzenöl, Sojasoße und 6 EL Limettensaft rühren. Mit Salz, Pfeffer und etwas Zucker abschmecken.

Peperoni und Frühlingszwiebeln in feine Ringe schneiden und mit den Papayawürfeln zum Dressing geben.

Den Ingwer reiben, den Knoblauch in feine Würfel schneiden.

Seeteufel in ca. 3 cm dicke Scheiben schneiden. In einer Pfanne das restliche Pflanzenöl erhitzen und die Fischstückchen anbraten. Knoblauch, Ingwer, Salz und Pfeffer darauf geben.

Den Fisch mit dem restlichen Limettensaft beträufeln und fertiggaren.

Dabei immer fleißig wenden. Den Seeteufel auf Teller anrichten und die Papaya-Soße dazu reichen.

nicht entzie

DEFTIGE FISCHSUPPE

Eine kräftige Fischsuppe als Hauptgericht
für 4 oder als Vorspeise für 8 Personen

Das Öl in einem großen Topf bei mittlerer Hitze erwärmen.
Den Knoblauch und die Zwiebeln darin 3 Minuten unter Rühren dünsten.

Tomaten, Fischfond, Weißwein, Lorbeerblatt, Safran und die gehackten Kräuter
zugeben. Die Mischung zum Kochen bringen, die Hitze reduzieren und bei
abgedecktem Topf 30 Minuten sanft einkochen.

Die Muscheln unter kaltem Wasser abbürsten und
die Bärte entfernen. Beschädigte oder geöffnete
Exemplare wegwerfen. Die Muscheln mit etwas
Wasser in einen Topf geben, zum Kochen bringen
und ca. 5 Minuten kochen. Den Topf vom Herd nehmen
und die Muscheln beiseitestellen. Geschlossene Muscheln wegwerfen.

Sobald die Tomatensuppe fertig ist, die Fischfilets in Stücke schneiden,
in die Tomatensuppe geben und 5 Minuten bei mittlerer Hitze ziehen lassen.

Miesmuscheln, Garnelen und Jakobsmuscheln zufügen, abschmecken
und sanft kochen, bis alles gar ist. Den Topf vom Herd nehmen und das
Lorbeerblatt entfernen.

Die Suppe auf Teller füllen und mit geröstetem Weißbrot servieren.

EINKAUFSZETTEL FÜR 4 ODER ALS VORSPEISE FÜR 8 PERSONEN

250 g Miesmuscheln

300 g Red Snapper oder Seeteufelfilet

300 g Schellfischfilet ohne Haut

250 g ausgelöste Garnelen

100 g ausgelöste Jakobsmuscheln

Olivenöl

3 Knoblauchzehen

2 Zwiebeln

1 Dose Tomatenjus

750 ml Fischfond

500 ml Weißwein

1 Lorbeerblatt

Safranfäden

2 EL frisches Basilikum

½ Bund Petersilie

etwas Dill

Salz + Pfeffer

„Auf geht's"
20 x 35 cm, Farbstift und Acryl auf Holz

SUPPE

JAKOBSMUSCHELN MIT KRÄUTERPASTE

16 küchenfertige Jakobsmuscheln
eine reichliche Menge frischer
Gartenkräuter wie Thymian,
Rosmarin, Minze …
100 g frische Semmelbrösel
2 Schalotten
Zitronenspalten
Butter
Salz + Pfeffer

Backofen auf 60 °C vorheizen.

In einer großen Pfanne 75 g Butter zerlassen, die Semmelbrösel zufügen
und unter Rühren knusprig braten.

Dann aus der Pfanne nehmen, auf Küchenpapier abtropfen lassen und
im Backofen warmstellen.

Die Schalotten und die Kräuter hacken.

Nun etwa 20 g Butter in die Pfanne geben, die Schalotten glasig dünsten
und die gehackte Kräutermischung dazugeben.

Unter Rühren braten, die Semmelbrösel dazugeben und
kurz erhitzen; zur Seite stellen.

In einer zweiten Pfanne braten Sie die leicht gesalzenen und gepfefferten
Jakobsmuscheln in etwas Butter auf einer Seite kurz an.

Herausnehmen und auf der ungebratenen Seite mit der
Kräuterpaste bestreichen und kurz unter dem heißen Grill gratinieren.

Mit Zitronenspalten servieren.

„Herrscher der Meere"
Bleistift, 100 x 150 cm

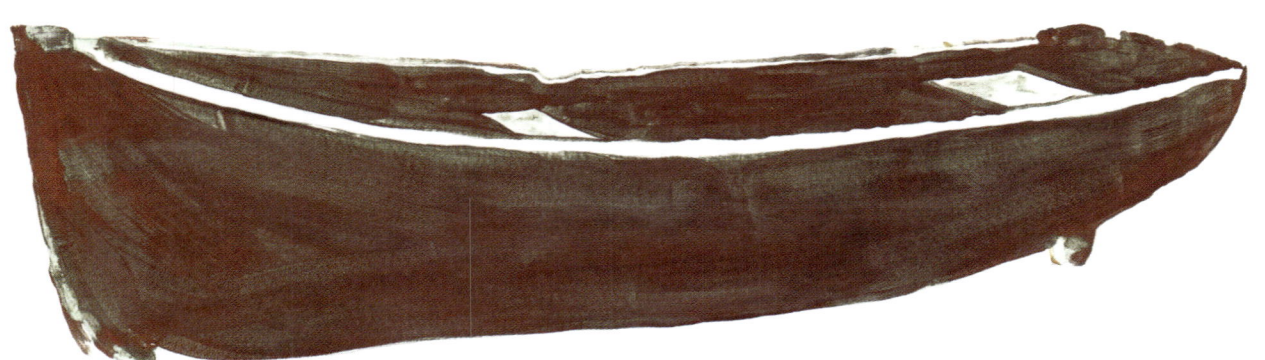

TINTENFISCH MIT PAPRIKA

Die tiefgekühlte Ware im Kühlschrank über Nacht auftauen
und gründlich waschen.

Die Tintenfische in dünne Ringe schneiden. Den Lauch längs in dünne
Streifen schneiden. Die Paprika in feine Streifen schneiden.

Die Sojasprossen in einem Sieb mit kochendem Wasser überbrühen.
Den Knoblauch fein hacken.
Basilikum kleinschneiden.

In einer Pfanne das Öl erhitzen, Schalotten und Knoblauch anschwitzen.
Lauch, Paprika, Chili dazugeben und unter Rühren braten.

Mit Sojasoße und Limettensaft ablöschen, Sprossen und Basilikum
untermischen, mit Pfeffer abschmecken. Warmstellen.

Etwas Öl in der Pfanne erhitzen und die Tintenfische kurz braten.
Salzen und pfeffern.

Gemüse auf die Teller geben und Tintenfische darauf verteilen.

Dazu Brot reichen.

**EINKAUFSZETTEL
FÜR 4 PERSONEN**

400 g kleine tiefgekühlte Tintenfisch-
Tuben
2 Paprikaschoten
1 Stange Lauch
150 g Sojasprossen
1 Knoblauchzehe
2 Schalotten
3 Stiele Basilikum
4 EL Pflanzenöl
2 getrocknete Chilischoten
2 – 3 EL Sojasoße
4 – 5 EL Limettensaft
Salz + Pfeffer

„Jelly fish"
Bleistift und Kupferoxydation, 100 x 150 cm

„Gemeinsam"
Mischtechnik, 50 x 60 cm

BEGLEITER

Die Vorspeisen und Beilagen habe ich unter dem Begriff „Begleiter" zusammengefasst.

Sie taugen zumeist auch als komplette Mahlzeit, dann müssen Sie einfach die Menge der Zutaten erhöhen.

-MEMOIRE
D-ECHNICIEN

2 El Butter erhitzen, • Karotte + Ingwer schneiden
an dünsten, ablöschen, sanft kochen!

1959

KAROTTEN-INGWER-HONIGSUPPE

Zwiebel, Knoblauch, Staudensellerie, Karotten und Ingwer (etwa 2 cm)
in dünne Scheiben schneiden.
Die Zitrone abreiben und auspressen.

Pflanzenöl und 2 EL Butter in einem Topf erhitzen, Zwiebel und Knoblauch
darin anbraten.
Ingwer, Staudensellerie und Karotten dazugeben und andünsten.
Mit der Gemüsebrühe ablöschen und bei geschlossenem Deckel
10 – 15 Minuten sanft kochen.

Dann den Deckel abnehmen und weitere 15 Minuten die Flüssigkeit
sanft kochend reduzieren.

Honig, Crème fraîche, Zitronenschale und die restliche Butter zu
der Suppe geben und mit einem Stabmixer pürieren.
Mit Salz, Pfeffer, Zitronensaft und Zucker abschmecken
und mit Petersilie bestreuen.

Dazu Baguette reichen.

EINKAUFSZETTEL FÜR 4 PERSONEN

3 Karotten

2 cm Ingwer

1 EL Honig

1 Zwiebel

2 Knoblauchzehen

1 Staudensellerie

1 unbehandelte Zitrone

1 EL Pflanzenöl

3 EL Butter

½ l Gemüsebrühe

2 EL Crème fraîche

Zucker

Petersilie

Salz + Pfeffer

„Memoire"
Collage 20 x 30 cm

KARAMELLISIERTER TOMATENSALAT

Mein erster Ausstieg aus dem Winter

In einem kleinen Topf 5 – 6 EL Balsamico-Essig mit 5 – 6 EL Wasser (ja, geht auch mit Weißwein) aufkochen und mit 4 EL Olivenöl und dem Ziegenkäse verrühren. Mit Salz und Pfeffer würzen und verwahren.

Den gewaschenen Spinat trockenschleudern (wenn kein junger Spinat zur Verfügung steht, auf Rucola und französischen Herzsalat ausweichen).

Die Eiertomaten längs teilen und mit der Schnittfläche in den Zucker drücken. Ein wenig Öl in einer großen, beschichteten Pfanne erhitzen, und die Tomaten auf ihrer Zuckerseite vorsichtig braten, bis sie schön braun karamellisiert sind.

Die Spinatblätter auf die Teller verteilen, die Tomaten darauf legen und alles mit der Ziegenkäsesoße übergießen. Grob pfeffern und knackig geröstetes Brot dazu reichen.

Wem das alles zu vegetarisch ist, dem empfehle ich Bratwurstringe als Ergänzung. So wird aus dem Salat eine Hauptspeise.

Zur fertig gebratenen Wurst etwas Rotwein geben. Achtung, das Fett aus der Wurst und der Wein vertragen sich nicht. Das kann ordentlich spritzen! Also, Spritzschutz auflegen oder erst die Hitze reduzieren, und dann den Wein hinzugeben und einkochen.

EINKAUFSZETTEL FÜR 4 PERSONEN

8 aromatische Eiertomaten mittlerer Größe
400 g Frühlingsblattspinat
250g junger Ziegenkäse
weißer Balsamico-Essig
Olivenöl
Baguette
brauner Zucker
Salz + Pfeffer

„King of tomato"
Aquarell, 23 x 25 cm

RAUKE MIT GEBRATENEM APFEL

Backofen auf 180 °C vorheizen.

Das Baguette in 8 lange, dünne Scheiben schneiden, mit etwas Olivenöl bestreichen, mit Parmesan bestreuen und auf einem Blech backen, bis es schön knusprig ist. Beiseitestellen.

Die Butter in einer Pfanne bei mittlerer Temperatur zerlassen und braunen Zucker, Pfeffer und den gehackten Koriander anschwitzen.

Die Äpfel schälen und in Scheiben schneiden, in die Pfanne geben und von jeder Seite goldbraun braten.

Zwiebel und Gurke in Scheiben schneiden.
Die knusprigen Brotscheiben, Rauke, Gurkenscheiben, Zwiebeln und den Blauschimmelkäse auf Tellern anrichten.

Mit den Äpfeln garnieren und mit der Bratflüssigkeit übergießen; dann mit grob gemahlenem Pfeffer bestreuen und servieren.

EINKAUFSZETTEL „RAUKE MIT GEBRATENEM APFEL" FÜR 4 PERSONEN

200 g Rauke

2 Bio-Äpfel

1 Salatgurke

1 rote Zwiebel

200 g weicher Blauschimmelkäse

1 Baguette

100 g geriebener Parmesan

2 EL Butter

1 EL brauner Zucker

4 Stiele Koriander

Olivenöl

Pfeffer

EINKAUFSZETTEL „SCHINKEN-SPINATSALAT" FÜR 4 PERSONEN

12 Scheiben Serrano-Schinken

200 g junge Spinatblätter

200 g frischer grüner Spargel

6 Flaschentomaten

1 Bio-Zitrone

6 Stiele Basilikum

2 TL brauner Zucker

Olivenöl

Butter

ausreichend gehobelter Parmesan

Salz + Pfeffer

SCHINKEN-SPINATSALAT

für Vier

Nur der ganz junge Spinat ist für den rohen Verzehr geeignet. Also im März und April zugreifen.

Backofen auf 180 °C vorheizen.

Die halbierten Tomaten mit der Schnittfläche nach oben auf ein Backblech legen, mit Olivenöl besprenkeln, pfeffern und ein wenig salzen. Ausbacken bis die Tomaten zart sind.

Den Serrano-Schinken auf einem Rost (über den Tomaten) rösten, bis er knusprig ist. Herausnehmen und zur Seite stellen.

Den Spargel in etwa 3 cm große Stücke schneiden.

Etwas Butter in eine beschichtete Pfanne geben und zuerst die Spargelstengel garen, zum Ende die Spitzen hinzugeben.

Spinat und Spargel zusammen mit den Tomaten, dem Schinken und dem Parmesan auf die Teller verteilen.

Für das Dressing Olivenöl, den Saft 1 Bio-Zitrone, Basilikum und Zucker vermischen und über den Salat geben. Zum Schluss noch etwas grob gemahlenen Pfeffer darüber geben.

SALAT

„Ein Sonntag im Mai"
Acryl, Öl, 160 x 160 cm

FEIGEN MIT RICOTTA UND PARMASCHINKEN

Ein kleiner Sommersnack

Den Parmaschinken unter den Backofengrill bei 220 °C knusprig rösten, dann die Scheiben in große Stücke brechen. Radicchio-Blätter und den französischen Herzsalat, die halbierten Feigen, Ricotta und den Parmaschinken auf Tellern anrichten.

Nun den Balsamico-Essig zu Karamell einkochen. Dazu den Essig mit dem Zucker in einem kleinen Topf bei mittlerer Hitze einkochen, bis er dickflüssigem Sirup ähnelt.

Etwas abkühlen lassen und über den Salat träufeln.

Karamellisierten Balsamico-Essig können Sie auch in größeren Mengen produzieren. Im Kühlschrank hält er sich gut 2 – 3 Wochen und schmeckt zu so vielen Gerichten und Snacks! Geben Sie ihn z. B. zu überbackenem Ziegenkäse.

**EINKAUFSZETTEL
FÜR 4 PERSONEN**

4 Feigen
8 hauchdünne Scheiben Parmaschinken
1 Radicchio
etwas französischen Herzsalat
150 g Ricotta
125 ml Balsamico-Essig
50 g brauner Zucker

„Feiglinge"
Collage, 25 x 25 cm

PFIRSICHE IN ROHSCHINKEN AUF RUCOLA

Ein simpler Begleiter zu gebratenen Fleischgerichten

Die Pfirsiche entsteinen, jeweils in sechs Schnitze schneiden und in den Parmaschinken einwickeln.
Zusammen mit dem Rucola auf die Teller geben.

Den Balsamico-Essig mit dem Zucker in einer beschichteten Pfanne bei hoher Temperatur sirupartig einkochen.
Etwas abkühlen lassen, dann über den Salat träufeln.
Mit schwarzem Pfeffer aus der Mühle würzen.

EINKAUFSZETTEL FÜR 4 PERSONEN

2 Pfirsiche
8 Scheiben Parmaschinken
150 g Rucola
150 ml Balsamico-Essig
50 g brauner Zucker
schwarzer Pfeffer

CHINKE

PANIERTE ZUCCHINISCHEIBEN

Ein Zwischengang für 4 Personen

Die Zucchini in 1 cm dicke Scheiben schneiden, mit Salz und Pfeffer würzen.
Schalotten, Knoblauch, Thymian und Rosmarin hacken.
Die Tomaten mit kochendem Wasser überbrühen, häuten, entkernen und das
Fruchtfleisch würfeln. Die Semmelbrösel mit dem Thymian vermischen.

Die Eier verquirlen. In einer Pfanne 2 EL Olivenöl erhitzen.
Die Zucchinischeiben in Ei wenden und in Semmelbröseln panieren;
in der Pfanne goldgelb ausbacken.

Die Schalotten im restlichen Olivenöl in einer Pfanne glasig andünsten und
den Knoblauch dazugeben. Die Tomaten hinzufügen und etwa 5 Minuten
einkochen lassen. Die Oliven untermischen und mit Rosmarin,
Salz und Pfeffer abschmecken.

Die ausgebackenen Zucchinischeiben mit der
Tomaten-Olivenmischung auf Tellern anrichten.

EINKAUFSZETTEL FÜR 4 PERSONEN

3 Zucchini

200 g Semmelbrösel

2 Eier

4 Schalotten

1 Knoblauchzehe

5 Zweige Thymian

3 Zweige Rosmarin

500 g Tomaten

4 EL Olivenöl

4 EL entsteinte schwarze Oliven

Salz + Pfeffer

GRÜNER SPARGEL

Mein Start in die Spargelsaison

**EINKAUFSZETTEL
FÜR 4 PERSONEN**

1 kg grüner Spargel

200 g gemischter Salat (Eichblatt und Frisée)

2 Orangen

2 kleine rosa Grapefruits

2 kleine weiße Grapefruits

2 EL Himbeeressig

20 g frische Ingwerwurzel

6 EL Olivenöl

Zucker

Salz + Pfeffer

Die Orangen und Grapefruits mit einem Messer schälen. Die weiße Haut dabei komplett entfernen. Die Filets herausschneiden und in ein Sieb geben, dabei den anfallenden Saft auffangen.

Den Saft mit Essig, Salz, Pfeffer und etwas Zucker verrühren. Den Ingwer schälen, fein reiben und dazugeben. Das Öl unterrühren.

Vom Spargel die unteren holzigen Enden abbrechen (der Spargel bricht genau an der trockenen Kante!). Wasser mit einer Prise Zucker und etwas Salz aufkochen, den Spargel hineingeben, nochmals aufkochen und neben dem Feuer garziehen lassen. Den Salat auf einer Platte verteilen, den Spargel abgießen und warm auf das Salatbett geben. Orangen- und Grapefruitfilets auf dem Spargel verteilen, mit grobem Pfeffer würzen und alles mit der Vinaigrette beträufeln.

„Spargelfreund"
Collage, 25 x 30 cm

„Kommen und gehen 4"
Aquarell, Bleistift, 50 x 60 cm

OMELETTE MIT BRUNNENKRESSE

Den Serrano-Schinken in kleine Stücke schneiden.

Die Blätter der Brunnenkresse hacken.
Die Eier in einer Schüssel mit 1 Schuss Mineralwasser, Parmesan,
der Brunnenkresse, Salz und Pfeffer gründlich verquirlen.

Die Butter in einer beschichteten Pfanne erhitzen, die Schinkenwürfel
hineingeben und die Eiermischung dazugießen.

Den Deckel auflegen und das Omelette etwa 6 Minuten braten.
Mit dem Pfannenwender das Omelette zur Hälfte zusammenklappen
und anrichten.

Eine spritzige Variante:
Nachdem Sie die Eiermischung in die Pfanne gegeben haben,
bröseln Sie noch etwas jungen Ziegenkäse
darüber und geben einen Spritzer Zitronensaft dazu.

Ohne Deckel stocken lassen.
Mit etwas grobem Pfeffer servieren.

**EINKAUFSZETTEL
FÜR 2 PERSONEN**

3 Eier

60 g Brunnenkresse

50 g Serrano-Schinken

25 g geriebener Parmesan

1 EL Butter

Mineralwasser

Salz + Pfeffer

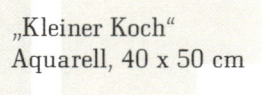

„Kleiner Koch"
Aquarell, 40 x 50 cm

KRESS

„Möhrenmörder"
Collage, 25 x 35 cm

ZARTE BUNDMÖHREN MIT ZITRONE

Eine Kleinigkeit für zwischendurch oder als Begleiter zu einem Schweinefilet

EINKAUFSZETTEL FÜR 4 PERSONEN

1 großes Bund süße Möhren

1 ½ Bio-Zitronen

2 TL Honig

8 EL Olivenöl

3–4 Stiele Basilikum

Fleur de Sel (Salz)

Salz + Pfeffer

Möhren schälen und unzerteilt in kochendes Salzwasser geben, 6 – 8 Minuten bissfest garen.

Die Zitrone heiß abspülen. Von der Schale Zesten ziehen und den Saft auspressen. Beides in einer Schüssel mit dem Honig, Salz und Pfeffer verrühren und das Öl dazugeben.

Die Möhren abgießen und abtropfen lassen. Die heißen Möhren in die Schüssel geben und durchschwenken und mindestens 1 Stunde in der Vinaigrette marinieren.

Kurz vor dem Servieren das Basilikum grob schneiden und über die Möhren geben. Mit etwas Fleur de Sel bestreuen (mir schmeckt hier die mit Trüffel aromatisierte Salzvariante).

MÖH

„Frisch"
Aquarell, 50 x 60 cm

POCHIERTES EI AUF TOSKANA-TOAST

Das Sektfrühstück nach einer durchfeierten Nacht

EINKAUFSZETTEL FÜR 4 PERSONEN

4 Eier

4 Scheiben italienisches Weißbrot

100 g Parma-Schinken

1 Frisée-Salat

1 Radicchio

1 Schalotte

1 EL Balsamico-Essig

½ EL Dijon-Honig-Senf

6 EL Olivenöl

1 Zweig Rosmarin

2 Knoblauchzehen

3 EL Weißweinessig

etwas glatte Petersilie

Salz + Pfeffer

Die Schalotte schälen und sehr fein würfeln, Radicchio und Frisée putzen.

Balsamico-Essig, Senf, Schalotte und 5 EL Olivenöl in eine Schüssel geben, verrühren und mit Salz und Pfeffer abschmecken.
Petersilie hacken und beimischen.
Mit einer Prise getrocknetem Rosmarin würzen.

Die Brotscheiben toasten, auf einer Seite mit geschältem Knoblauch einreiben und mit Olivenöl beträufeln.
Dann mit der Kräutermischung bestreuen, etwas salzen und pfeffern und mit Schinken belegen.

Weißweinessig in einen Topf mit 1 l kochendem Wasser geben.
Jeweils 1 Ei in einer Suppenkelle oder Tasse aufschlagen und vorsichtig ins Wasser gleiten lassen.
Die Eier 4 Minuten pochieren, mit der Schaumkelle herausnehmen und abtropfen lassen.

Den Salat mit der Vinaigrette vermischen.
Je 1 Ei auf 1 Toast geben und mit dem Salat servieren.

Jetzt fehlt nur noch der Champagner.

MARIES ROTE SOSSE

Die Lieblingssoße meiner Frau

Liebe geht durch den Magen und das am liebsten Sonntagabend, vor dem Fernseher, mit einem dicken Teller Spaghetti mit roter Soße auf dem Schoß.
Für diese Spaghetti-Soße muss ein bisschen geschnippelt und einige Zeit zum Einkochen eingeplant werden. Aber es lohnt sich!

Alles Gemüse kleinschneiden, Thymian, Petersilie und Majoran fein hacken und zur Seite stellen. Die gekörnte Rinderbrühe ansetzen.

Butter mit 3 EL Olivenöl in einem großen Topf erhitzen, Zwiebeln, Knoblauch und Karotten hineingeben und anschwitzen.

Mit der Brühe ablöschen und (bis auf die Pilze) alles Gemüse sowie Chilis und die gehackten Kräuter (etwas Petersilie für die Pilze verwahren) beifügen. 3 – 4 Minuten erhitzen. Kapern, Tomatenmark, Honig, Sherry, Chilisoße und Rotwein in die Soße geben und kurz aufkochen. Dann die Hitze reduzieren, bei geöffnetem Topf leise einkochen. Salzen und pfeffern.

Immer wieder mal durchrühren und die Soße um etwa ein Drittel reduzieren. Dafür nehme ich mir gerne 2 Stunden Zeit. Die Küche duftet und die Soße gewinnt an Geschmack.

Währenddessen geben Sie die Pilzscheiben in eine stark erhitzte, beschichtete Pfanne. Kein Öl! Lassen Sie das austretende Wasser verdampfen, dabei die Pfanne regelmäßig schwenken bis die Pilze kräftig Farbe ziehen. Salzen und pfeffern, zur Seite stellen.

Ein wenig Öl in die Pfanne geben und das Hackfleisch braten und würzen. Anschließend mit den Pilzen vermengen. Mit der restlichen Petersilie bestreuen und erst kurz vor dem Servieren in die Soße geben und unterrühren.

Die Soße mit Salz und Pfeffer würzen und abschmecken.

Die Nudeln kochen, abgießen, zurück in den Topf geben und etwas Butter hinzufügen. Durchschwenken, auf die Teller verteilen, mit der Soße übergießen und mit Parmesan und gerupftem Basilikum bestreuen.

Oft fertige ich direkt eine noch größere Menge Soße an. Sie eignet sich perfekt als Sugo für eine Pizza. Dazu muss sie nur noch püriert werden.
Man kann sie bestens einfrieren oder einwecken und einige Tage später z. B. zu gebratenen Gambas reichen, oder zu einem Schollenfilet oder …

EINKAUFSZETTEL FÜR 6 PERSONEN

500 g Rinderhackfleisch
250 g Champignons
8 mittelgroße Flaschentomaten
600 g eingekochte Dosentomaten
3 rote Paprikas
2 Karotten
je 1 Zweig Thymian, Majoran
1 Stange Sellerie
1 Bund glatte Petersilie
70 g Kapern im Sud
50 g Butter
4 cl Sherry
500 ml gekörnte Rinderbrühe
3 getrocknete Chilischoten
2 EL Honig
2 – 3 Schalotten
3 Knoblauchzehen
200 ml Rotwein
1 EL Chilisoße
100 g Tomatenmark
700 g Spaghetti
Basilikum
Olivenöl
Parmesan
Salz + Pfeffer

„Die roten Früchte"
Öl, Acryl, 80 x 120 cm

kinder, esst Sala

SOMMER-PASTA MIT FRISCHEN KRÄUTERN

Der Kräuterduft wird mindestens
4 Esser anlocken

Die Orange waschen, die Hälfte der Schale als Zesten abziehen.
Den Saft auspressen.
Den Knoblauch fein würfeln.
Die Haselnüsse fein hacken und in einer Pfanne ohne Fett anrösten.

Die Kräuter hacken. Den Parmesan reiben.

Inzwischen die Spaghetti kochen.

In einer großen Pfanne die Butter schmelzen und den Knoblauch
anschwitzen.
Haselnüsse, Orangenzesten, gehackte Oliven, Olivenöl, Salz, Pfeffer,
den Orangensaft und die frischen Kräuter unterrühren.
Wenn Sie mehr Flüssigkeit möchten, einfach ein paar Löffel von dem
Nudelwasser schöpfen und hinzufügen.

Die Spaghetti abgießen, in die Pfanne geben und mit den Zutaten vermengen.
Parmesan unterheben und schnell servieren.

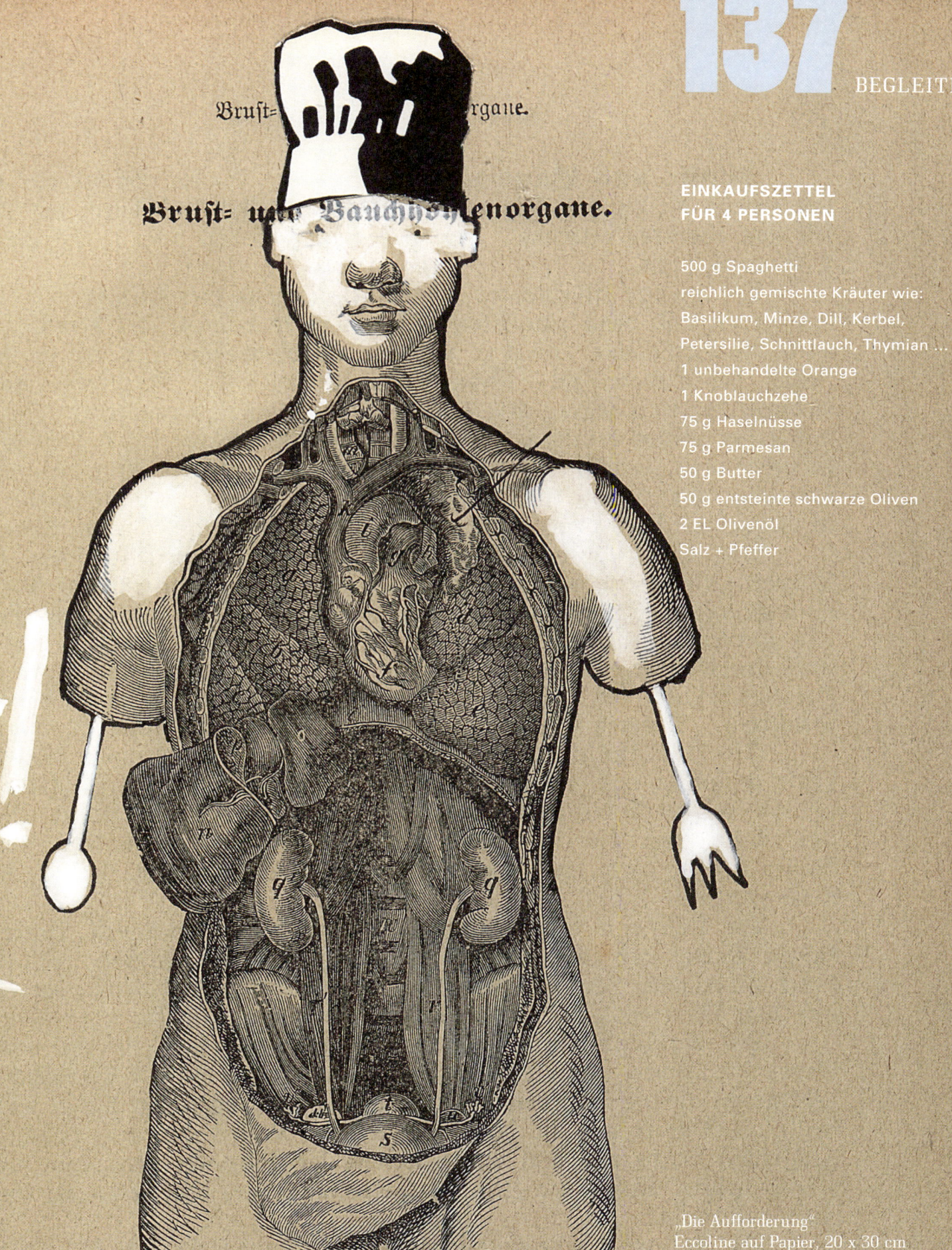

Fig. 66.

EINKAUFSZETTEL
FÜR 4 PERSONEN

500 g Spaghetti
reichlich gemischte Kräuter wie:
Basilikum, Minze, Dill, Kerbel,
Petersilie, Schnittlauch, Thymian ...
1 unbehandelte Orange
1 Knoblauchzehe
75 g Haselnüsse
75 g Parmesan
50 g Butter
50 g entsteinte schwarze Oliven
2 EL Olivenöl
Salz + Pfeffer

„Die Aufforderung"
Eccoline auf Papier, 20 x 30 cm

SCHARFE AUBERGINEN-PASTA

Die Auberginen in 1 cm große Würfel schneiden. Tomaten in einem Sieb abtropfen lassen und hacken, Koriander und Chili im Mörser zerstoßen. Basilikum grob hacken.

In einer Pfanne Olivenöl erhitzen und die Auberginenwürfel zusammen mit Chili und Koriander goldbraun braten.

Die Tomaten dazugeben und einige Minuten auf kleiner Flamme kochen, dann die Oliven unterrühren.
Etwas einkochen lassen, bis die Soße sämig wird.

Mit Salz, Pfeffer und etwas Rotweinessig abschmecken.

Die Spaghetti al dente garen, abgießen und auf die Teller verteilen.

Etwas gehacktes Basilikum in die Soße streuen, über die Pasta geben und umrühren.

Mit viel Parmesan und dem restlichen Basilikum bestreuen.

**EINKAUFSZETTEL
FÜR 4 PERSONEN**

1 große Aubergine

500 g Spaghetti

1 – 2 getrocknete rote Chilischoten

1 Glas getrocknete Tomaten in Öl

½ TL Korianderkörner

125 g entsteinte schwarze Oliven

1 Bund Basilikum

6 – 8 EL Olivenöl

1 EL Rotweinessig

150 g Parmesan

Salz + Pfeffer

„Vegetable shooter"
Bleistift, Aquarell, Collage, 25 x 30 cm

„Beschädigte Ware"
Mischtechnik, 30 x 40 cm

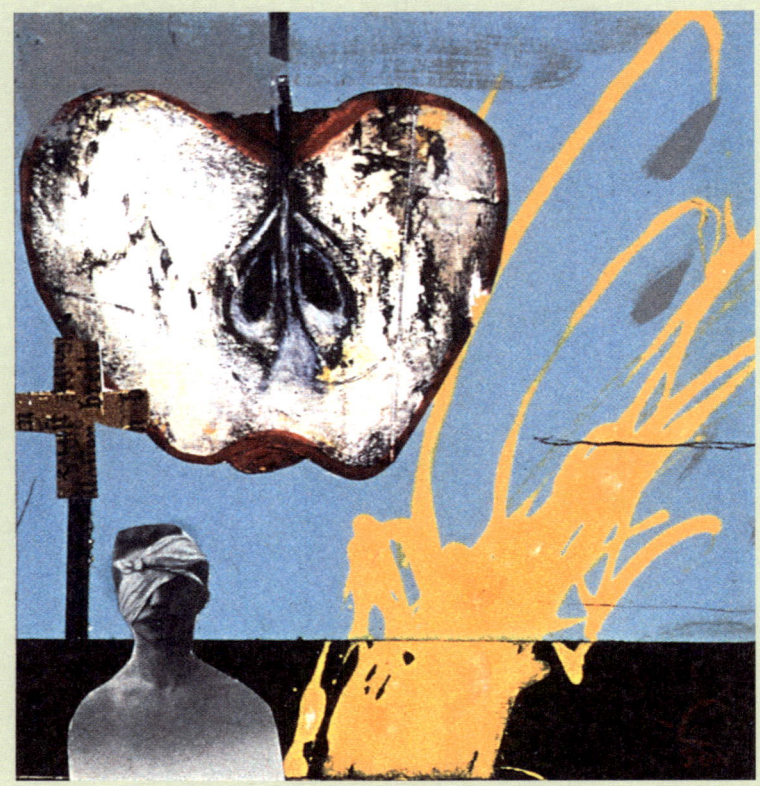

ZIEGENKÄSE MIT PAPRIKA

Essig, Zucker und Wasser in einem Topf bei mittlerer Hitze zum Kochen bringen und unter Rühren 2 Minuten köcheln lassen, bis sich der Zucker aufgelöst hat.

Die Paprika entkernen und in Streifen schneiden, die Streifen hineingeben und 5 Minuten bei mittlerer Hitze kochen. Abgießen und etwas Sud auffangen.

Rucola, Paprika und den in Scheiben geschnittenen Ziegenkäse auf Tellern anrichten.

Den Sud mit Olivenöl, Salz und Pfeffer verrühren und als Dressing über den Salat geben.

**EINKAUFSZETTEL
FÜR 4 PERSONEN**

150 g weicher Ziegenkäse
1 rote + 1 gelbe Paprika
125 ml weißer Essig
110 g Zucker
125 ml Wasser
100 g Rucola
Olivenöl
Salz + Pfeffer

BLAUSCHIMMEL-KÄSETURM

**EINKAUFSZETTEL
FÜR 4 PERSONEN**

Blauschimmelkäse
8 Scheiben Pancetta
1 Apfel oder 1 Birne
80 g Rucola
1 EL Balsamico-Essig
1 EL Olivenöl
1 Bio-Orange
Honigsenf
Salz + Pfeffer

Backofen auf 220 °C vorheizen.

Den Speck auf ein mit Backpapier belegtes Blech legen und unter dem heißen Backofengrill goldbraun und knusprig rösten.

Den Apfel oder die Birne in 8 dünne Scheiben schneiden.
Eine Soße aus Olivenöl, Dijon-Senf mit Honig, Balsamico-Essig, 1–2 EL frisch gepresstem Orangensaft, sowie etwas Salz und Pfeffer rühren.

Den Rucola auf Tellern anrichten und mit der Soße beträufeln.

Den Blauschimmelkäse in 8 Scheiben schneiden, die Apfel-/Birnenscheiben und den Speck darauf turmartig aufschichten.

LAUSCH

„Schale "
Öl, Acryl auf Holz,
20 x 30 cm

Für meinen Freund und Lieblingskoch Werner.

DANKE!

An alle Freunde die mich bei diesem Projekt mit Rat und Tat unterstützt haben.

Besonders genannt seien:

Werner, für das liebevolle Zerrupfen des ersten Konzeptes,
die kritische Durchsicht der Rezepte und für die guten Ratschläge.

Marie, Steff, Dirk und Josef, sowie Steffi und Floyd, für viele Anregungen
und die motivierende Unterstützung.

Monika, für die schöne und professionelle Zusammenarbeit bei diesem Buch.

IMPRESSUM

Copyright für alle Inhalte und Bilder: Detlef Kellermann, Aachen
Galerie + Atelier Kellermann, Wirichsbongardstr. 24, 52062 Aachen
www.detlef-kellermann.de

Gestaltung: büro G29, Aachen
Produktionsbegleitung: sieprath druck service gmbh, Aachen
Druck: imageDRUCK GmbH, Aachen
Repro + Scan + Portraitfoto Kellermann: Fotostudio Arnolds eK, Aachen
Lektorat: Claudia Fellhölter, Aachen

ISBN 978-3-00-035966-8